トランスフォーメーション／フィジー

ヒーリング
Healing The Land
ザ・ランド

人をいやし地をいやす神

FIJI

HEALING THE LAND

THROUGH FORGIVENESS AND RECONCILIATION

by David M. Newby

published by Team Ministry International, 2005

まえがき――リバイバル（大変革）のきっかけとなってほしい

今、隣の国、韓国ではリバイバルムードで全国が盛り上がっている。一九〇七～一九一三年にかけて大リバイバルが朝鮮半島全域に起こったが、今からちょうど百年前、そのリバイバルがスタートしたからである。韓国教会の指導者たちは、「この機会を単なる記念式典にするのではなく、本物のリバイバルをもう一度！」と立ち上がったのである。（参／『朝鮮で聖霊の火が燃え上がるとき』小牧者出版）

全国教会が特別早天祈祷会を始め、リバイバル集会と悔い改めの運動を始めているのである。

「わたしの名を呼び求めているわたしの民がみずからへりくだり、祈りをささげ、わたしの顔を慕い求め、その悪い道から立ち返るなら、わたしが親しく天から聞いて、彼らの罪を赦し、彼らの地をいやそう」（Ⅱ歴代誌七・十四）

私はこの三年間、不思議な聖霊の風を感じて、最近神の大変革が起こっている国々を訪問してきた。フィジー、オーストラリア原住民の村、ウガンダなど。このトランスフォーメーション（大変革）の現場を訪ねながら、それぞれの特徴を分析してみた。六月には世界トランスフォーメーションサミットにも出席し、多くの国々の報告も聞いた。

結論として、へりくだるご自身の民の祈りを聞いて、答えてくださる神の聖霊によるリバイバル、トランスフォーメーション（大変革）であることがわかった。

ある人は、トランスフォーメーションを、カリスマ運動だと言う。しかし、決してそうでもない。へりくだって悔い改める民の祈りを聞いてあわれまれる主が臨み、その地をいやし、回復を行い、大変革を行われる神のみわざであって、決して、カリスマ運動という枠にとどまるものではない。もちろん、その神様の大変革の中にカリスマ的な現れが含まれているのも事実であろう。けれども、ポイントは、大変革だ。

だから、カリスマ派か否かにこだわらず、すべてのキリスト者たちがへりくだり、心を合わせて求めるべきなのである。教団教派は、それぞれの方法で、へりくだり、悔い改め、主のリバイバルを求めるべきである。隣の国も、彼らの求めどおりに二〇〇七年からまたリバイバルが始まるだろう。どうして我々だけが取り残されて良いだろうか。今、全日本の教会は心を合わせて、この時代の大変革のために祈るべきである。このフィジーの大変革とリバイバルの記録が、そのための力となり、きっかけとなってほしい。

トランスフォーメーション・グロース

卞　在昌

献　辞

本書を、神様の家族の一員であるフィジーの勇士たちにささげます。彼らは、その愛する祖国にあって神の御国の拡大のために自らを省みず共に働き、共に祈ってきた兄弟姉妹です。

大統領のラトゥ・ジョセファ・イロイロヴァトゥ・ウルイヴンダ閣下、そして首相のライセニアン・ガラセー閣下にささげます。彼らは、自分たちの国家を神様の道に導くため、主に従う態度を大胆に表明してきました。多数の族長たち、政治家また指導者たちにささげます。彼らは、公私にわたりイエス・キリストに従うことによって、自ら闘士となったのです。

これらの闘士たちに連なる他の人々には、数多くの異なる教会の指導者、聖職者、牧師たちがいます。彼らは、イエス・キリストが建て上げておられる教会に連なるという、何よりも価値のある使命のため、あえて自分たちの計画や予定を脇に追いやりました。この教会は伝統的な隔ての壁を超越し、主イエス様ご自身をただ一人のかしらとしています。

上述されてはいますが、フィジー・キリスト教会連合（ＡＣＣＦ）のリーダーの内、数名を具体的に挙げたいと思います。これらの神の人を知るにつれ、私たちは彼らをより愛し、尊敬し、そして彼らの知恵また彼らの友情を高く評価するに至りました。彼らとは、ラトゥ・エペリ・カナイマウィ氏、ラトゥ・オセア・ンガヴィンディ氏、ヴニアニ・ナカウヤサ牧師、イスィレリ（レンドゥア）・カスィマイワイ師のことです。ナカウヤサ牧師とカスィマイワイ師には特別に感謝を表します。本書のための情報収集の過程で、お二人はインタビュー、Ｅメール、電話応対のために多くの時間を割いてくださいました。他にも多くの中心的な方々が、特にＡＣＣＦの指導陣の中におられて、皆さんのお名前を挙げたいところですが、割愛させていただきます。

ロブ・ウォレン氏にも感謝しなければなりません。氏はナショナル・フォーギブネス・ウィーク（全国赦しの週間）の創設者であり、本書の執筆に際して友として励ましてくれました。また、二〇〇五年に「赦しの週間」をオーストラリア北部及びバヌアツに紹介した時、行動を共にしてくれました。

本書はまた、オーストラリアの人々、一七八八年から現在に至る先住民、開拓者そして移民の人々にささげるものです。私たちの国は、世界中のあらゆる種族、言語、国籍の人々が生活する場所となっています。

特に感謝を表したいのは、報われないことが多いように思える中でもたゆまずに働いてこられ、私個人の祝福ともなってくださった先住民の聖職者や、オーストラリアの牧師たちに対してです。その中には、ピーター・ウォーカー牧師、ピーター・モーガン牧師、ビル・バード牧師、ロドニー・バード牧師、ティム・エドワーズ牧師、ロバート・ナイト牧師、ヘンリー・ウェザーロール牧師、そしてノーマン・ミラー牧師がいます。私が心から望んでいるのは、本書が福音に携わるすべての先住民聖職者たちの実用的な助けになると共に、キリストのからだを建て上げるべく共に労することです。キリストのからだとは、贖われて、神としてお互いと和解し、兄弟として、また平等な者たちのチームとして、共に生き、愛し、働く、ただ一つのまことの教会のことです。

最後に、私は本書を今は亡きフレッド・パウエル氏にささげます。氏は、私がこよなく愛し尊敬するようになったアボリジニの兄弟であり、私が若きクリスチャンであったころは父のような存在でした。そして彼の娘たちのうち二人 —— 私の姉妹ジョーン・ウィリーと、最近になって主のみもとに召されたスィンスィア・ペッカム —— にささげます。さらにスィンスィアの夫、私の兄弟リンゼイ・ペッカムにささげます。

はじめに

多くの人々は、ジョージ・オーティス・ジュニア氏率いるセンティネル・グループが製作したビデオ、トランスフォーメーション・シリーズの中の「海は鳴りとどろけ」を通して、フィジーのリバイバルを知るようになった。このビデオは、特に過去五年間に起きた鍵となる出来事を忠実に報告している。また、報告された出来事に直接に関わったリーダーの多くの方々とのインタビューも収めている。

本書で著者は、フィジーで現在体験されているリバイバルとフィジー諸島の幾多の村や町で結ばれているその実に至るすべての出来事の、詳細ないきさつを記した。

しかし、この初版は、二〇〇五年七月にウルル（エアーズロック）で行われた「地のいやし、人のいやし」カンファレンスでの頒布のために、短くまとめた形で早くに完成した。間もなく出版される完全版には、今リバイバルで現実に起こっていることについての歴史、情報資源そしてより多くの背景説明と共に、リバイバル事情の進行状況に関する最新情報が含まれることになっている。上記のカンファレンスで代表者たちに本書を配布する機会を設けてくれた、カンファレンスの主催者であるノーマン&バーバラ・ミラー氏に特別な感謝をささげたい。

この初版の出版を急いだ目的は、フィジーで既になされたと同じく、オーストラリア全体の町々、コミュニティ、部族、そして教会においても赦しと和解の祝典の実施を促進させることにある。

私たちは、神が私たちの地にいやしを注ごうと願っておられることを信じている。私たちがフィジーから学んだ教訓を用いるならば、これが現実になるとを確信できる十分な根拠がある。

もちろん、フィジーの教会がこれまで経験してきているのは、イエス・キリストの教えに対する従順の実であるに過ぎないと言って間違いない。オーストラリアにいる私たちが同様に、「聞くだけの者」から「みことばを行う者」に変わるとき、私たちの国は霊的に目覚めさせられ、結果として与えられる神の祝福の豊かさと大きさに驚愕することになるだろう。

私たちオーストラリア人が南太平洋にある私たちの近隣国の実体験から学び、オージーのプライドや個人主義を捨て、私たちの地と人々が霊的にも自然環境的にもいやされることが、私たちの祈りである。

Contents
目次

第一章　驚きの結果

トーマス・ベイカー師は自分をささげきった人であった。フィジー諸島の人食い人種たちの間に、たゆまず福音を広め続けただけではなく、回心した人々の何人かを、福音のための働き人となるように訓練もした。

一九世紀のはじめから半ばにかけてキリスト教に回心したフィジー人男性の多くは、自らもフィジーの西、また北にある太平洋諸島にへの熱心な宣教師となっていった。パプアニューギニアにまで足を伸ばした者も非常に多かった。

しかし一八六七年のフィジーでは、人間を食うことがなおもはびこっていた。特に海沿いの部族は、白人の船乗りや探検者、また侵入者たちの肉を試食する機会が多かった。彼らはタバコを吸う人々の肉は良い味がしないことに気づいた。その意味では、喫煙が人々の寿命をのばすことに貢献したかもしれない。

トーマス・ベイカー氏とその訓練生たちは、ダヴイレヴというところに住んでいた。ここはヴィティ・レヴ（フィジー本島）の東海岸にある、メソジスト信徒の居留地であった。彼らはその地域を巡って福音を伝え、地域の教会を設立していった。ここが、ヴィティ・レヴ奥地への彼らの不運な旅の出発地点となった。

トーマス・ベイカー師は初め、ヴィティ・レブの南東沖にあるバウという小さな島に降り立った。ここは、族長サコンバウが住んでいて、他のフィジー諸島を自分の支配下に置くことを狙い、その活動拠点としていた。彼の野望また目標は、すべての島々を征服し、トゥイヴィティ、つまりフィジーの王となることだったのだ。

言い伝えによれば、時としてベイカー師は時の政治にかかわり、ときどき自分とはかかわりのないことについて歯に衣を着せぬ傾向があり、攻撃的になるほどであったらしい。これが、多くの人々にとって彼の評判を悪くし、サコンバウ自身から敵対視されることになった。

そういうわけで、トーマス・ベイカー師がヌンブタウタウに向かうべく、本島を横切ってダヴイレヴに渡ってきたとき、サコンバウは自分の戦士たち数人にタンブア（くじらの歯）を持たせて、バウから使者として奥地に遣わした。タンブアは、ある部族の一つに送り主の意を遂げさせることを目的とした伝統的な依頼書だった。この場合は、ベイカー師の殺害がそれであった。しかしこの依頼は、抵抗に遭うこととなり、しばらくの間だれもこの陰謀を遂行しなかった。

くじらの歯が別の族長から依頼として送られてきたとき、今回は聞き入れなければならないという強いプレッシャーが生まれた。

言い伝えられているところによれば、トーマス・ベイカー師は南太平洋域で信仰のために殉教者となった人々に、深く感銘を受けていたという。彼は大胆で、危険を冒すことに対して恐れがなく、ある人々は、彼が殉教者コンプレックスを持っていると考えたほどであった。

ヌンブタウタウ地域の戦士たちは、フィジーで最も獰猛《どうもう》な戦士として知られており、彼らの領域を侵略し、従えようと試みたサコンバウを七度にわたって退けることに成功していた。ヌンブタウタウの人々は、フィジーに初めて住み着いたのは自分たちであると主張していた。サコンバウの戦略の狡猾さは、ベイカー師の殺害に彼らを巻き込もうとしたところにあった。彼は、そのような残虐行為の犯人に対し、植民地政府が報復措置を取るであろうことを知っていたからである。それが実際に現実となり、ヌンブタウタウの人々は著しく弱体化させられることになる。そのようにして、フィジーを征服し、支配しようというサコンバウの野望は実現されることとなった。

ベイカー師の一行がヌンブタウタウに到着したときには、くじらの歯であるタンブアはすでにナバツスィラに着いており、族長ナワワバラヴに届けられていた。この族長は殺害への加担を拒んだが、別の村に住む族長のおいがそれを実行することを志願した。

一八六七年七月二十一日、ベイカー師と一行はヌンブタウタウから出発するために、朝早く起きた。この時に彼らは殺されたのである。その直接の動機となったのは、ベイカー師が櫛を取り除こうとして、うかつにも族長の頭に触ったことであった。そのようなことはタブーを破ることだったのだ。

一行全員が殺され、そして食された。その祝宴の際に、宣教師の足の硬さに人々は少なからず驚かされた。彼らが足と思ったのは実は革靴で、その一つが残って、スヴァ市にある国立博物館に展示されている。

二〇〇三年に、フィジー・キリスト教会連合（ＡＣＣＦ）は、その殺害にかかわった部族の子孫たちと、トーマス・ベイカー師の子孫たちとの間に、赦しと和解をもたらすことを願い、ある式典を開催した。ベイカー師の子孫のうち、三人が名乗り出て、その式典に出席することができた。

準備の期間に「地のいやし」チームがナヴァツスィラに入り、人々とともに二週間を費やした。それは人々の悔い改めと魂を探られるための時であった。

二〇〇三年十一月十三日、自動車の行列が、ヴィティ・レブ東部の高地に至る舗装もされていないでこぼこ道を向かっていった。タブロイド紙によっては、この式典を軽々しく報道し、中には冷笑するものさえあった。しかし、フィジー人参加者たちは、自分たちの先祖の行為を真剣に悔い改め、トーマス・ベイカー師の子孫たちの赦しを請うた。その赦しは、真心に満ち、心の琴線に触れる式典の中で行われた。ベイカー師殺害に加わった部族の子孫たちもまた、陰謀の遂行を共謀したことのために、和解を求めた。

その夜、来訪した多くの人々と自動車とが去って、ナヴァツスィラの山間に静けさが戻ったときは、何も変わらっていないかのように思えた。地震が起こったわけでも稲妻が走ったわけでもなく、天からの声が聞こえたのでもなかった。ただ、喜びと平安で満たされた人々の心だけが、人の理解を超えた何か大きなことが起こったことの証しであった。

その地域の雨季は十一月に始まり、四月まで続く。乾季が始まるときには、すべてがまだ青々としているのだが、ナバツスィラでは、それが即座に干ばつ状態に変わる。何も育つことなく、木々以外にすべてが死んでしまう。そして、野豚が雨季の間に生長した根菜類を襲うのだ。その結果、食料不足が毎年の乾季の常となった。その時期には、飢餓状態になるのが普通だった。そして誰しもが、雨季が巡ってることを待ち望むばかりだったのだ。

そういうわけで、二〇〇四年四月には、ナバツスィラの誰もが、避けられない過酷な乾季の猛襲をただ待つのみだった。ところが、それが来なかった。五月になっても少なくとも一週間に一度は雨が降っていた。その年、ナバツスィラに乾季はなかった。

ナバツスィラでの産物が非常に豊富だったので、産物の余剰を人々がトラックで大きな町々の市場に持って行くことができるようにするために、政府はその地域に新しい道路を建設せざるを得なかった。野豚はいなくなった。そして、大麻の草は、それらを栽培していた人々が自分たちの地域に現された神様の明らかな祝福を目にした栽培者自身の手によって一掃された。

女性たちは、豊かに実った果物やタロイモ、そして、ほかの野菜をナンディやバー、スィンガトカの市場で売るようになった。彼女たちは、物を売る他の人たち、買い物客に生き生きと自分たちの証しを伝えている。「神様がなさったことを見てください。私たちが悔い改めたからです」と。

タロイモは、フィジーの主食の一つである。タロイモは、里芋の親芋であり、フィジーでは、その葉も食用とされている。ナヴァッスィラで育つタロイモは、巨大なサイズになっている。大きいものは、二十五センチほどにもなる。その大きさと味の良さゆえに、市場に買いに来る人たちからは、大人気である。そこでは、ナヴァッスィラのタロイモが売り切れなければ、ほかのところからのタロイモはほとんど売れない。

魚も川に戻ってきた。非常に大きく味も良いので、ホテルやリゾートに高いものでは一匹二千円もの値段で売りさばかれている。つまり、人々は果物や野菜をたくさん手に入れるようになっただけでなく、すぐお金になる資源も手にしているのだ。

ナバッスィラ地方の子どもたちは、いつも皮膚疾患に悩まされてきた。それが全くいやされてしまい、それ以後見られなくなっている。

ナバッスィラでは、生活が革命的に好転した。フィジーの部族と殺された宣教師の子孫との間で持たれた悔い改めと赦しと和解の式典が、これほどの大変革をもたらすと一体誰が考えただろうか。悔い改めと和解の行為は、この式典の前から起こり、それ以来、国中で続けられてきている。神様が働いておられる。

これらのすべては、一体どのように起こったのだろうか？　どこで始まったのだろうか？

第二章　ターニング・ポイント

神の御力によって変えられた歴史の流れ

フィジーの歴史で二度目のクーデターは二〇〇〇年五月十九日に起こった。この出来事は島国フィジーを大きく揺れ動かした。ジョージ・スペイト率いる武装集団が総理官邸を占拠し、議員たちは難局が打開されるまでの五十六日、間銃口を突きつけられたまま監禁された。人質の中には、一般市民も含まれていた。恐怖と不安がフィジー人の間にもインド系住民の間にも広がった。

これはフィジーの歴史で三度目のクーデターだという人もいる。それは、この五月の事件と一九九七年十一月の事件と別々のクーデターと理解する結果だ。

フィジー防衛軍のCRW部隊（革命抑圧部隊）は、議事堂とその敷地の事態の安定化と議員保護のために、議事堂とその敷地内に侵入した。しかし部隊はクーデターの旨謀者たちを排除しようとしなかったために、その後の一連の出来事の中に巻き込まれていった。これは軍部ではなく市民によるクーデターであった。クーデターの旨謀者たちが逮捕されたとき、CRW部隊の何人かは防衛軍の兵士によって暴行を受け、また逮捕された。こうして軍とクーデター主導者との間で交わされたムアニカウ協定＊（後で調べる）は破られた。このことと他の要因とが、二〇〇〇年十一月に軍の兵舎でＣＲＷ部隊による謀反を招いたが、それは、ＣＲＷ部隊を解散させるとことをほのめかした防衛軍最高司令官を失脚させるための試みだったのである。

クーデターが起こって最初の数日間は、町々にも農村にも暴行と略奪があった。その標的となったのは、特にインド系フィジー人の農場主や実業家たちである。

暴行と略奪が始まったのは、二〇〇〇年五月十九日、議会が占拠されたのと同じ日で、タウケイ運動による抗議の最中であった。暴徒らはスヴァの町中を行き巡り、商店のショーウインドーを粉々にし、物品を略奪した。同じときに議会で人質となっていた人々は、恐怖の中で動揺し、泣き叫び、床に伏す絶望状態に陥った。

その暴力行為の最中でさえも、ナウソリの教会指導者たち数人は、インド系フィジー人の家や商売を守るため、クリスチャンたちを動員した。彼らはまた、その直後に和解のための行動を起こした。暴動が起きてからすぐに、クリスチャン指導者たちは、ボランティアを組織し、略奪の後かたづけや破壊された商店の修理、また家を失った人々に住むところを提供するなどした。これは口コミだけで行われた。教会指導者たちの多くは教会員たちを連れて中心街に行き、できるかぎりの援助をすることで、起こった出来事に対する自分たちの心の痛みを表わそうとした。土地や作物が荒らされた地域には、チームが派遣され、和解をし、建物の修復をし、作物の植え直しをした。さらにフィジー・キリスト教会連合が形成された後、彼らはバス何台分もの働き手を組織し、これらの農村地帯や町々に送り込み、和解を促進させたのである。テレビのニュースで流された映像は、略奪をする人々の一方で、愛の活動をするクリスチャンたちがいることを明らかにした。それでもフィジー人の罪に対する悔い改め、また赦しを求める祈りや叫びを促す教会はなかった。教会指導者たちの中には、国全体に呼びかけるか、メッセージを流すかして、人々が神様の道を辿るように促す必要を感じた人々もいた。しかし、何の声も上がらなかったため、彼らは行動を起こす決断をした。これらの教会指導者たちによる公の呼びかけの最初の試みは、次のようなものであった。

1. 二〇〇〇年六月の初めに軍事クーデターを断罪する全面広告をフィジー・タイムズ新聞に掲載すること。

2. 軍の指揮官および士官を訪ねて、教会がこの難局に解決をもたらすために努力する意向を知らせること。…公には事態が軍の支配下にあったので、このことは必要な手続きであった。

3. 国民の赦しを求める日を呼びかけること。

4. 議会で人質となっていた人々を慰問すること。

最初の二つの課題が実行に移され、その後、国民の祈りと赦しの日を二〇〇〇年六月十七日に持つための呼びかけがなされた。その日、クーデターと暴動の期間に強いられた苦痛に対する赦しを求めるため、軍の司令官をインド系住民の被害者、商店経営者および農場主たちと対面させるための時間が設けられた。これらの断固たる行動が現実の変わり目であった。ヴニアニ・ナカウヤサ牧師（ヴニ師）がこれらの決断の指導者だった。彼はインド系住民たちになされたことに対して、謝罪する必要があることを強烈に感じていた。それで、指導者たちはフィジー人がインド系住民に対して取った扱い方、また同族であるフィジー人に対して取ったふるまいに対する国家的悔い改めを呼びかけたのである。ヴニ師は教会と政界の指導者たち、および族長大会議の代表者たちがインド系住民の招待客とともにこの式典に列席するよう促した。これらフィジー人代表たちは全員、インド系住民の前にひざまずいて謝罪し、赦しを求めた。フィジー人たちのひざが床に着くやいなや、インド系住民たちは泣き始めた。インド系住民たちが謝罪に対する受け入れを表したときの出席者の反応は騒動とも言えるものであった。そこには人質となっていたインド人議員たちの家族の数人とともに、退陣を迫られたマヘンドラ・チョードリー首相の夫人もいた。ヴニ師はこのときの行為を通して、霊の世界で何かが大きく変わったと信じている。

彼はフィジー人が誇り高い民族であり、だれに対しても、「ごめんなさい」とは言わないことを話した。フィジー人が、インド系住民の前にひざまずいて謝罪したのは、これが初めてのことだった。

フィジー小売業者連盟の会長は、一度語ったことがある。「クリスチャンたちは、どう歌うかやどう着こなして教会に行くかは学ぶけれど、あなたがたは、クリスチャンらしく、どう生きるかを知らない」。彼の発言が真実であることは、深い悲嘆とともに認められた。この会長もまた、人質の家族や家を失った人々、そして、略奪、また破壊行為の被害者となった人々とともに、かの式典に招かれた。会長は、最善の宗教の教えは、キリスト教の中にあるが、その教えに従っているはずのクリスチャンの中には、見いだされない」と言った、かの偉大なマハトマ・ガンジーの心情を表明していたのである。ガンジーは言った。「赦すことは、神に属する。その行動を取ること、赦しを求めるというその行動は、人間にとって多大な勇気を必要とする」

その翌日の六月十八日、ジョージ・スペイトに近づくため、おもだったクリスチャン指導者のうちの四人が、議事堂に向かった。ヴニアニ・ナカウヤサ師、アンカル・メス師、ジョー・マテワイ師そしてヴィリカ・スィンブラ師である。彼らは、親衛隊と話して、スペイトと取り決めをし、インド人議員と会うことを願った。それが難航したのは、彼らが人質となっていた議員たちに対して、悔い改めの日を持つという考えを携えて行ったからである。

その会合の中で、スペイトとその仲間たちは、暴動、商店の略奪、そして農場主たちの追放が、彼らの意図したことではなく、議会の占拠だけが目的であったことを語った。彼らが、それら一連の出来事が起こったことを後悔しているのは、明らかに見て取れた。暴動の発端は、特にスヴァ市においては、犯罪者たちによるものであったらしい。

その翌朝二〇〇〇年六月十九日、さらなる交渉ののち、三人の教会指導者たちが中に入って議員たちと面会する許可を得た。その人々は、スリアスィ・クルロ牧師、ジョー・マテワイ牧師、そしてヴニアニ・ナカウヤサ牧師だった。彼らはまず、フィジー人議員が監禁されていた本議会室に入った。そこでは、聖書が至る所に置かれていた。議員たちは、毎日の生活スケジュールを立て、その中には、ディボーションと聖書の学びが入っていた。議員の一人がメソジスト教会の牧師をしていたことから、彼がほかの者たちを祈りとみことばの教えと神様を求めることとに、導いていた。忘れてならないことは、この監禁期間がインド系議員にとってと同様に、フィジー人議員にとっても忘れることのできない、衝撃的な体験だったことである。

牧師たちはその後、地下室に監禁されていたインド人議員たちを訪ねて行った。銃を持った者たちに案内されてのことだった。インド人議員たちは、ひどく落ち込んでいて、多くは、うつ状態にあるようだった。三人の牧師は、教会の代表であると自己紹介した。それからヴニ師がひざまずき、彼らの状況のために謝罪し、そして、彼らの赦しを求めた。ヴニ師は、フィジー人全体に代わってお詫びをするために、平和のうちに来た旨を伝えた。さらに彼は、多くの人々がこの軍事クーデターを非難していること、そしてこれは百二十六年間続いてきた問題であることを語り、過去において、その問題が適切に処理されてこなかったため、国民は政治的な時限爆弾の上にすわってきたのであることも話した。フィジー人が教育その他の分野で人種の分離を守り続け、国家に一致をもたらすための橋渡しをだれも求めて来なかった。ヴニ師は再び、自分たち三人がお詫びをするために来たことを語った。

見張りの一人がヴニ師に聞いた。「牧師先生、彼らと握手したいですか?」ヴニ師とほかの二人は、議員たちの間を回って抱き合い、握手をした。イスラム教徒もヒンズー教徒も等しく泣いていた。彼らは応答してこう言った。「あなたがた、三人のフィジー人兄弟たちが、ここまで身を低くして赦しを求めることができるとは信じられない」と。退陣を迫られた首相、マヘンドラ・チョードリー氏は、彼らが解放されたならこの和解を継続していくと語った。

ヴニ師は、議事堂の外で起こっている悔い改めと和解、そしてすべての議員にそれを知ってもらうことを願って来たことを強調した。

インド人議員の中に一人のクリスチャンがいて、来てくれた三人の牧師たちを抱き、そして言った。「この人たちの中で、私だけがクリスチャンです。そして私は、皆さんがしてくれたことで、皆さんを本当に誇りに思っています」

その後、牧師たちは、彼らのために祈り、そして外で起こっていることを、さらに詳しく、彼らに伝えた。

二〇〇〇年六月二六日、人質のうちの最初の何人かが解放された。五十六日間ののち、残る人質のすべてが自由の身となった。

第三章　フィジー・キリスト教会連合——まことの一致

クーデター首謀者たちが逮捕された直後に、族長大会議によって、ラトウ・ジョセファ・イロイロヴァトウ・ウルイヴンダ氏が、新大統領として任命された。彼は、一九八七年と二〇〇〇年に国家を大きく揺るがしたクーデターの原因調査に乗り出すため、特別調査委員会を設けた。委員長になったのが、ラトウ・エペリ・カナイマウィ師である。

彼の指揮の下、委員会は、島々のうち、約八十カ所を巡り、集会を開き、そして、フィジー人の間に分裂を引き起こしている原因を究明するために、地域共同体の調査を行った。インタビューを受けた人々のほとんどは、人々の間の分裂を支持するという意味において、教会がこの問題の中心的役割を果たしていると語った。

特別調査委員会の調査結果は、教会が自ら望んで不一致の中にいること、そしてそれが、国家における政情不安と民族間摩擦の主な原因となっているということを指し示すこととなった。

二〇〇一年の五月に、多数の教会指導者たちは、調査結果に基づく特別調査委員会の意見を聞くため会合に招かれた。その会議の中では、何人もの教会指導者たちが、自分たちの教派を弁護し、調査委員会報告の骨子を否定した。

最後に発言した教会指導者は、ヴニアニ・ナカウヤサ牧師であった。彼は、特別調査委員会の前にひざまずき、以下のことを述べた。

1. 彼は、問題の根を探し出すために、族長大会議がそこまで労力を費やしてくれたことを感謝した。
2. 彼は、分裂の原因が教会であることに同意した。教会が国において非常に分裂していること、そして教会がヴァヌア（地と人々を指す）に教派間の分裂という種を蒔いてきたことを認めた。
3. それに加えてヴニアニ師は、族長大会議が教会のまとまりを促進してくれることを提案した。それは、すべての教会指導者たちが、実際には、族長大会議のメンバーだからである。
4. ヴニアニ師はさらに、教会のすべての違いを乗り越えて、すべての教会がまとまることができる舞台となってくれるよう、族長大会議に要請した。ヴニアニ師が強調したのは、クリスチャンが皆、同じ聖書を持ち、同じく唯一の主イエス様を信じているのだから、なぜ私たちがこんなにも分裂しなければならないのか、ということだった。

これらのことは、族長大会議に提出された。

そのすぐ後で、大統領が主流派教会とペンテコステ派教会の指導者たちを呼び寄せ、一致して働き始めるよう要請したのは、おそらくこれが原因だったと思われる。

それに続いて、多くの祈りの後、大統領による独自の一歩が踏み出された。メソジスト教会に働きかけて、国家に一致をもたらすため、彼らに何かできないものかと活を持ちかけたのだ。これは、メソジスト教会が、フィジーで最大かつ最も影響力のある教派だったからである。

それを受けて、メソジスト教会は、フィジーで最大のペンテコステ派教団であるアッセンブリーズ・オブ・ゴッドとの会談を打診した。その会談の結果、二〇〇一年五月に、フィジー・キリスト教会連合（ＡＣＣＦ）が発足することとなった。

この二つの教団が一致のための第一歩を公にすることで、ほかの教会がＡＣＣＦに加入することを勧めるという理解のもとに、ＡＣＣＦを組織することに同意した。

彼らはまた、ミレニアム・リバイバル・クルセードを開催することを決定した。それは、国の中の紛争地域、特にクーデターとのかかわりがあった地域全体を対象としたものである。そして、フィジーのすべての教会に、ＡＣＣＦ加盟のための招待状が送られた。メソジスト教会の議長は、またフィジー教会会議の議長を兼ねていた。この彼が、招待状を作成し、第一回のＡＣＣＦ会合を彼の事務所で持つ手はずを整えたのだ。

しかしながら、招待状に対する反応は、驚異的なもので、彼の事務室は、出席のために集まってきた人々を迎え入れるには小さ過ぎたので、人々は、本部室に場所を移し、それ以来、会合はそこで持たれている。

まず第一の点は、いくつかの主流派教団を除いて、すべての教会から肯定的な応答があったことである。彼らは、提案されたミッション・ステイトメント（使命宣言）の適用範囲を話し合った結果、第一段階においては、以下のことを取り上げる必要を感じるに至った。

1．**政治的不一致**…国内には、フィジー人による政党が二〇あった。大統領が話し合いのためにこれらの政党の代表を集めたとき、その会合の場となったのが、メソジスト神学大学であった。それが定期的な集まりとなって、相互に理解されたことの覚え書きに書面がなされるまで続けられた。

2. 教会の不一致…どのようにしてキリストのからだを一つにするか。

ＡＣＦのメンバーによって受け入れられたおもな価値観と使命宣言は、

a）すべての群れが、一人の大牧者の下に、一つの群れとして、結び合わされるべきこと（ヨハネ一〇・一六）。

b）すべてのクリスチャンがキリストの愛の道を生きるべきこと。

c）教会、また政府において、神を畏れるリーダーシップを推進し、支援すること。

d）平和と繁栄のために、フィジーを和解させること。

ＡＣＦは、二〇〇一年七月八日、国民の祈りの日をもって正式に発足した。

このときには、二十六に及ぶ教団また単立教会が、メンバーとして加わっており、メンバーとならなかったのは、ほんの少数の教派グループだけであった。

祈りのつながりが確立され、教会指導者たちは、二カ月に一度集まりを持った。彼らは、三カ月に一度は、大統領、及び首相とともに集まった。大統領も首相も、ともに毎年二回の朝食祈祷会を主催した。別な時には、ほかの大臣たちも、祈りと助言を求めて、首相とともに出席し、結果として、いくつかの条例などが変更されることにもなった。

ＡＣＣＦには、フィジーが神の秘蔵の民となるという、迫り来るビジョンがあった。

ＡＣＣＦ加盟教会のリーダーたちは、祈りと話し合いのために毎週集まった。一時は、会合をもっと間をあけた周期で持つことが試みられたがうまくいかなかったため、週一度の会合が確立されたのだ（それ以後、五年たった現在もそれが続いている）。この定期的な交流が、長年続いた分離の溝を埋め、リーダーたちの間で、強い友情と相互関係を形成するに至らせている。

《付記Ｅ》は、ＡＣＣＦの土台に関する公式発表と、二〇〇一年に繰り広げられた和解活動の記録とを含むものである。それはまた、フィジーが抱える現在の不一致問題の根本的原因についての興味深い分析も含まれている。

この和解活動のおもな内容の一つは、国中を巡った「和解のトーチ（たいまつ）」を点火し、運んでいくことであった。

このリバイバル・トーチは、二〇〇一年七月八日に大統領によって最初に点火され、スヴァから始まって国中の数多くの地域に届けられた。その行く道々、人が肉体的にいやされるなどの力ある奇跡が数多く起こった。コロヴィスィロウというところにトーチを運んだ男性は、三年間食べ物を口にしたことがなく、飲み物だけで生き延びていた人だった。トーチを運んだ直後に、彼は普通の食事を取るようになった。

農村地帯、及び小部落の教会は、だいたいの場合月一度の割合で、定期的な合同集会を持ち始めた。これは、より大きな村落で起こっていたことが、その影響を及ぼした結果である。これらの合同集会は、地方のＡＣＣＦ会議が率先して、組織したものだ。非常に奥まった地域でさえも、一致を目指す衝撃的な働きの恵みに浴した。

ＡＣＣＦの主催により、大規模なクルセードも動員され、海外からラインハルト・ボンケ師（二〇〇三年）やルイス・パラウ師などが来訪した。二〇〇四年九月のフィジーフェスタにおいて、ルイス・パラウヒーリング・ザ・ランド（トランスフォーメーションズ）クルセードでは、三千人以上の人々が、その人生を主に明け渡した。

その同じ月に、フィジーフェスタ集会と並行して、ヨット「シェキナ号」がフィジー諸島南部のカンダヴ島にあるカンバラ湾を出発し、和解のトーチを群島のおもだった四つの地域に運んで行き、最後にはトンガに至った。これは、リバイバルをトンガに持って帰りたいという、フィジー人の願いを反映している。一八三〇年代に、フィジーに福音が伝えられたのは、トンガを通してだったからだ。

シェキナ号が寄港したどの港でも、その所々で集まった多くの人々に聖霊が触れられたことからすると、主が彼らの先を行っておられたことがわかる。

第四章　和　解

る。

今も進行中のこのリバイバルで最大の出来事は、悔い改めと和解と一致の直接的な結果であ

その最初の現れの一つは、二〇〇二年に起こった、サンベト村（ナンディとラウトカの中間）の族長マタイトンガ氏が主からの夢を見た時である。その村は、数多くの社会問題に加えて、敵対関係や分裂という悩みを抱えていた。夢を見た族長は人々を呼び集め、問題解決といやしのために、神様を求めて断食し、祈るようにさせた。

二週間の間に、多くの親族が彼らのすれ違いを解消するために、族長とともに時間を費やした。彼らは毎晩集会を持ち、そうして神様が、教会と村とに、和解と一致をもたらしてくださり、数多くの人間関係が回復していった。

一九六〇年代のペンテコステ・リバイバルまでは、その地域には、一つの教会があるのみだった。そのリバイバルは、その期間に、町々村々、そして農村地帯にまで広がっていった。結果として起こったのは、ある人々がペンテコステ体験を拒絶したために、多くの村々にメソジスト教会とペンテコステ教会の二つの教会が生まれたことだった。このことが、友人同士、また家族同士の間に分裂を引き起こし、多くの人々が話すこともなくなり、苦い思いと憤りとを何十年にもわたって持ち続けることになってしまった。

ラトゥ・マタイトンガ氏が自分の村の人々が一つになるように集めた時、そこに真の悔い改めと赦しを伴う聖霊の現実的な働きが起こり、村の一致は回復された。しかし、ナヴァツ・スイラでの場合と同様に、その行為の結果は、時の流れの中で現されるしかなかった。

土壌の生産性が向上し、長い間見られなかったいろいろな魚が珊瑚礁に戻ってきた。死に絶えて姿を消したマングローブが再び生え始めた。マングローブは、環境にとって非常に大切である。これらの村人たちの主要な栄養源となっていたあらゆる種類の魚やカニやその他の底生動物にとって、マングローブが保護と繁殖の場を提供するからである。

「世界で最大の問題は、疎外です。金持ちと貧しい人々、黒人と白人、労働者と経営者、保守派とリベラル派、東と西…しかしキリストは、和解と平和をもたらすために来られたのです」(ビリー・グラハム)

フィジーの首相ライセニアン・ガラセー閣下は、二〇〇一年に就任した後、新しい省庁を設けた。この省庁は、国家和解統一庁と名付けられた。

この省庁の記章には、「フィジーの平和と繁栄」ということばが書かれていた。最初の「国民の和解と赦しの週間」であった二〇〇四年フィジー・ウィークの直前に、ニューヨークで開かれた国連総会で、首相が演説をした。

国連総会第五九会議
二〇〇四年九月二四日午前九時
ライセニアン・ガラセー閣下
フィジー共和国首相

「人権の促進のために、普遍的な人権宣言及び他の国際的手段の重要性を認識するとともに、私たちは、それらのものが第一義的に、個人の権利にかかわることも認知するものであります。太平洋諸島地域の先住民は、国連の『先住民族の権利宣言』を、私たちの自決権、そしてまさに民族的、文化的に、独自の民族としての私たちの存続とに対する国際的な承認と受容のために、極めて重要なものであると見ています。しかし、議長閣下、それは、私たちが平等の権利と責任とを有する民族同胞を抱える他の地域に対し、無関心であるということではありません。

本総会の列席者は、フィジーが他民族社会を抱えていることを承知しておられます。フィジー民族とロトゥ・マン民族が先住民であります。

集団また共同体として彼ら先住民が、国のすべての土地のほぼ九〇パーセントを所有しています。インドからの居住者は、今から百二十五年前に渡来し、今本国の居住者の過半数を構成しています。ヨーロッパ人、複数民族を先祖に持つ人々、中国人、そして他の太平洋諸島人が、フィジーの多彩な文化的タペストリーを織りなしています。私たちは、国民の多様性を誇りとしています。それが私たちの国に独自性を持たせ、いまだ発掘されていない潜在能力を持たせているのです。私たちは、世界各地に見られる人種間の暴力行為と憎悪無しに共存することを学んできましたが、私たちはなおも、特に政治において、分裂した国々であります。一九七〇年の独立以来、私たちは相互尊重、相互扶助、そして相互理解に基づく、他民族国家を作り出すべく、懸命に努力しました。しかし不幸にも、選挙の際に圧倒的多数の有権者は、今もって民族的つながりを選択の基準としています。人々が異民族の候補者に反対しているからではありません。単に人々は、自分と同じ民族の代表を選ぶことに、保証と安心を覚えるということなのです。

私の政府が二〇〇一年に成立して以来、私たちは、一致を実現させることに取り組んできました。私たちのビジョンは、平和で統一された豊かなフィジーの実現です。政治的には、私たちは議会においてさまざまな民族の代表の参加を保証する考えに立つことを願っています。今の課題は、これを政府の中にも実現させることです。

議会民主制度として、私たちは人々の自由意志と同意に根ざす政府を目指しています。しかし同時に、私たちが願うのは、それぞれの民族の声が国の政策決定に直接反映されるのを保証することです。

一体性と平等性を願うこの思いが、私たちをして、フィジー人と他の民族、また裕福な者と恵まれない人々、貧しい人々との間にある社会的かつ経済的な隔たりを埋めるための対策を講じさせたのです。私たちは次第に、民族間の隔たりを超える絆の形成に、神を信じる信仰が強力な手段であることを見いだしています。私たちは、異なった信仰に従うかもしれませんが、共通の視点を神に置くことが、将来に向かう道を照らすのです。

私がフィジーに戻るとき、国は八日間の祈りと赦しと和解に向けての準備ができているはずです。その目指すところは、人々を一つにし、国家的目的意識と愛国心を作り出すことにあります。フィジーに存在する偉大な信仰のすべてがこれに参加します。それぞれの教えには、すべての人間性に輝く真理の功績が含まれています。どの群れも、平和をつくるための大切な能力を持ち、どの群れも、理解を深め違いを乗り越えるために、貴重な貢献をすることができるのです。

ですから、十月のその八日間、私たちの宗教指導者たちは、結束に向かう新たな探求のために、ほかの善意の市民と手をつなぐのです。私の政府が四年前に発足して以来、一致の促進は、国家の差し迫った優先事項となってきました。私たちはそれが、速やかに実現するものではないことをわきまえています。しかし私たちは、断固としてそれを成功させる決意です。宗教団体は、統一した国家の設立のために、政府と手をつなぐべく進み出ています。私たちの国家的な祈りと赦しの週間のクライマックスは、宗教を超えた礼拝集会です。私たちは、人間の努力だけでは、私たちが願っていることを達成するのに不十分であるのを認識しています。

議長閣下、この偉大な連合が、世界の調和を求めて共通の理念により結び合わされているのと同様に、私たちフィジー人たちも、私たち自身の国連、私たちの国民が幸せに共存し、独立国家が形成された国民連合を願っているのです」

首相は、彼の演説を聞くために出席していた世界中の国々の国連代表の反応に圧倒された。

フィジー・ウィークの間に成されたスピーチの中で、バー市長でもあるプラヴィーン・バラ議員は言っている。「和解は内側から起こらなくてはなりません。見せかけの和解は不要です。和解は、当然、臆病な人々、または額面だけを受け止める人々のものではありません。和解を成功させるに当たってフィジーに欠けている第一の要素は、正真正銘の善意と人間としての品位です。私は、すべての民族と宗教に属する人々の間で一定の認識と理解が達成されるために、政府が政策や事業を主導していく責任を負っていると思います」（フィジー・サン紙 二〇〇四年十月五日号）

赦しと和解の行為によって起こった奇跡の証しが国中でだんだんと知られるにつれて、家族や村々が自分たちを悩ませている問題克服のための援助を要請するようになった。和解はフィジーの異なる民族間で必要とされているだけでなく、先住部族や一族の間でさえも必要であることが明白になったのである。

それらの地域に入っていくためのチームが、ヴニアニ・ナカウヤサ師によって結成された。そして彼らは、人間関係の回復といやしのために明るみに出されなければならない過去の問題や違反行為、罪に対処するに当たって、極めて効果的な方法を具体化した。

チームが実践している手順は、《付記A》「地のいやしミニストリー」に記載してある。

フィジーにおける和解は、今も進行形である。和解を必要としている個人やグループの中には、それがただ政治的に都合のいい時期であるだけだ、として批判的な者もおり、これがただのまやかしだとわかるだろうと、冷ややかに見ている。赦しと和解といういやしの体験を信じない人々はさておいて、ほかの人々は、この働きの結果を目の当たりにして、自分自身のいやしと地のいやしとを、求めている。

＊　　＊　　＊

※「ヴァヌアの概念」

地のいやしを理解するには、ヴァヌアというフィジー語が何を意味し、どのように使われているかを理解することが助けとなる。ヴァヌアとは、物理的な土地、そこに住む人々、そして彼ら独自の信仰・文化・伝統を含んでいる。ヴァヌアの概念は包括的なもので、フィジー人共同体の全体を指すものである。

「私たちは、それぞれが平和といやしと善意の器となるように、
互いのために祈りましょう。
私たちは、赦しといやしが国中を豊かに流れていき、
私たちそれぞれが、人々の愛と思いやりを体験し、
また私たちの愛と思いやりを人々に豊かに与えられるように、
祈りましょう」

――フィジー大統領 イロイロ閣下

「インド人の血筋であっても、
私はいつもフィジー人であることを誇りとしている」

——ハシシュ・ネシュ・ラル

「私は憎しみに対して愛を、
暴力に対して平和を、
憤りに対して寛容を、
対立に対して和解をもって
応答すべきである」

——エクレア町　A・サスィミラ

「一致は、存在するために必要です。
愛は、まさしく命の要因です。
その一方で、分離は死をもたらします。
創造において万物の命は、
一致という恩恵をこうむっています。
崩壊状況にある肉体では、
生きることができません。

魅力と調和と一致と愛が
命の要因であることは明かです。
嫌悪と不和と憎しみと分離は、
死をもたらします」
——スヴァ市　アイラ・ウィリアムズ

※「タウケイ運動とは」

「先住民」を意味するフィジー語「イ・タウケイ」から来ている。この運動は、もともとフィジー人の支配階級に端を発している。タウケイ運動家たちは、歴史的にインド系住民を疑わしい人間だと決めつける。また政治的には、彼らは連立政権に反対する。商業、実業、教育、そして地方行政のリーダーシップ及び文化や伝統においても、フィジー人たちの優位を押し進めようとする動き・運動である。

第五章　地のいやし

第四章の始めで、ヴィティ・レヴの西側にあるサンベト村の地のいやし体験について詳しく述べた。この明らかに単発的な出来事のルーツは、ＡＣＣＦを通して教会を一つにしようとする動きと、二〇〇〇年六月に始まった和解のプロセスとにあるようだ。

二〇〇二年において、教会が一致したことの結果として、ＡＣＣＦ指導者たちは、一致と和解のメッセージを広めるために、すべてのおもだった場所に出て行った。その結果、ＡＣＣＦの地方グループが、地域や町々全体に形成された。これらの場所のいくつかは、自発的に集会を招集し、分裂していた者同士やグループ、特に一族や教会の間で、告白と赦しと和解を行った。サンベトはこの一例である。

「地のいやしプロセス」として、現在一般に知られている働きは、実際にはヴニアニ・ナカウヤサ牧師の主導で始められた。彼にとってそれは、さまざまな出来事の蓄積から生まれた個人的な旅路であった。彼は、イギリスから継承された和解運動のいくつかの活動を体験し、また、太平洋地域の祈りの運動を通して、過去の出来事に正面から取り組み、祈りにおいてそれを解決することを体験した。

パシフィック・プレイヤー・ムーブメント（太平洋地域の祈りの運動）は、祈りと悔い改め、そして和解がそれを必要とするところで実践されることを目標とした。宣教師が殺された場所、部族紛争が起こった場所などでである。これらはすべて、いやしと和解をもたらすための「ボトム・アップ」（底辺からの引き上げ）もしくは「草の根的アプローチ」に基づいていた。

ヴニ師は、アルゼンチンを訪れて、フォークランド戦争に関するイギリス人との和解が、有益な結果を生んでいることを見てきていた。

彼はまた、アルモロンガの変革（ビデオ「トランスフォーメーションズ」三章）をその目で確かめるために、グアテマラを訪れた。ここでは極めて劇的な地域変革があった。刑務所やバーが不要になったため閉鎖され、土地の生産性は向上し、穀物の生産量は、その目で見なければ信じられないほどの増加だった。彼がそこで見たものは、彼の心に、同じことがフィジーで起こるのを見たいという強い願いを起こさせた。彼が海外で見てきたのと同じような地域と国家のトランスフォーメーションがもたらされるように、神様に働いていただきたいという願いであった。彼は、国家が変革されるのを見るには、状況に対して的確に対応することと、整えられた霊的な手段を用いることの必要を悟った。

フィジーに戻ってから、彼は何人かの人を集めてもらい、解決を神様に祈り求めた。彼らが感じたのは、ヌクから始めるべきことだった。そしてそれが、二〇〇三年四月一日から十日の間に起こったのである。ヌクは、ヴィティ・レヴ島のスヴァ市の北六十五キロほどの所である。ヌクの住民たちは、不和、不妊症、精神疾患そして社会的問題で何十年も苦しんできていた。村を流れ通る小川の水は、四十二年間汚染されていて、水も川辺も粘液状態であった。子どもたちが小川で泳いでいたある時のこと、水が突然白く濁ったので、子どもたちは怖くなって逃げ出した。魚は死に、草も枯れた。それが起きたとき、川の中で泳いでいた子どもたちの一人がヴニ師である。当然彼は、そのいきさつを知っていたわけだ。この汚染された水が、盲目・不妊症・精神病・そして死までも引き起こしたのだと信じられていた。

ヴニ師とチームは、「プロセス」と呼ばれる一連の過程を始めるためにヌクに行った。彼らが携えていった鍵となるみことばは、第二歴代誌七章一四節であった。「わたしの名を呼び求めているわたしの民がみずからへりくだり、祈りをささげ、わたしの顔を慕い求め、その悪い道から立ち返るなら、わたしが親しく天から聞いて、彼らの罪を赦し、彼らの地をいやそう」

彼らは、二週間の祈りの集会を持った。メソジスト教会、アッセンブリー教会、そしてエホバの証人の会衆が参加していた。

彼らは、地の汚れと地のいやしに関する聖書の記述を学ぶことに時間を費やした。その結果、彼らは、ネヘミヤがしたのと同じように、自分たちの罪と先祖たちの罪とを悔い改めて、告白することになった。その罪とは、以下のものだ。

殺害と人食い
偶像礼拝
まじない
流血
不品行

彼らはその地帯の小高い所に行き、そこで行われた罪の行いを悔い改めた。長老たちは、その先祖たちの罪を告白した。和解はまず家族の間で起こり、それから一族、そして最後に部族の中で、起こっていった。

その地域の族長は、部族全体とともに、共同の悔い改めの祈りを導いた。

その「プロセス」の三日目に、何人かの女性たちが叫びながら駆けて来て、小川の水がきれいになっていることを知らせた。その水は、今もなおきよいままである。

ヌク村は、一時人口の多い所だったのだが、不和と争いのために、人々は追い出されたり、去ったりして、どんどんほかの村々に移り住んでしまっていた。それらの人々に対して、代表団が送られ、過去の犯罪に対する謝罪がなされた。マタニンガサウとフィジー語で呼ばれる贈り物を伴っての伝統的な謝罪が二つの村に向けられ、人々が望むならば、村に戻って来てほしいという呼びかけがなされた。

今は、その地域全体の人々に、自分たちは非常に祝福されていると告白している。土地の生産性が向上した。小川の水がきよく、小えびや魚が戻ってきており、川辺の生産力と農耕は、概ね劇的に改善した。川の水にはいやしの力があることを報告する人もいるほどである。

二〇〇二年ナンビトゥ村

ヴィティ・レヴ島、ナウソリの東。

この村で起こったことは、その時期に国中で起こっていたことに続くものだった。

部族の内部には分裂があり、未解決の問題が山積みされていた。村のちょうど真ん中に位置していたその地域の教会で会議があった際、殴り合いが起こったこともある。

その村ではいつも、暗雲が漂うような重苦しさがあった。それが人々に影響し、喜びが感じられることは、ほとんどなかった。

族長たちの提言を受けて、人々は自発的に集まり、共同の悔い改めの時を持った。一人のメソジスト教会の信徒説教者が、そのプロセスの手助けをした。

即座に雰囲気に変化が起こった。漂っていた重苦しさが去ったことを、誰しもが感じることができた。教会内部の分裂はいやされた。

このことから学んだ教訓は、人々と場所とに対するサタンの束縛は弱いものだということである。多くの人々を赦しといやしに導く結果、サタンもその抑圧も、呪いとともに去ることを余儀なくさせるのには、一人の信仰者で十分なのだ。

ナイライ島

レヴカ群島の中のロマイヴィティ郡

地のいやしのプロセスの後、三千匹の魚が岸にまで押し寄せ、簡単に取ることができた。長い間目にすることができなかった大きなカニが地域に戻ってきた。

人間関係がいやされ、島には平和が回復された。

ワリバウ（ヴニバウ、セルア島）

ナヴァ川河口

この場所での地のいやしのプロセスは、十四日間の予定が取られた。地のいやしチームがその働きの中で用いる一つに、水と塩とオリーブ油とを混ぜたものがある。

これらの一つ一つがプロセスにとっての重要性を持っている。

水…きよめと新しくすること、いのちを与えること。

塩…保存、いやし、防腐、そして香りを引き出すこと。

油…聖霊の油注ぎ、一致と祝福、そして契約。

ワリバウでは、「プロセス」の中で、このきよめの水が、海辺の砂に注がれた。その日、一人の年輩の婦人とその息子が、海辺に漁をしに行った。二人が網を投げてそれをたぐり寄せようとしたとき、何かに引っかかったように思われた。彼らは海草か岩かに網が引っかかったと思ったのだが、網が実はあまりにも魚でいっぱいになったため、引き上げられなかったことがわかった。

二人は、人々に伝えるために、村に向かって歩き始めた。婦人は、息子の後に付いて砂浜を歩いて行った。すると砂の上にできた息子の足跡のくぼみに、赤い色の液体が現れた。彼女が息子の足跡をたどっていったとき、彼女が何年もの間悩まされてきた、偏頭痛とひざの痛みと極度の腰痛がいやされた。そのいやしは、一時的なものではなかった。彼らが村に戻るやいな

・や、彼女は村全体に、起こったことを話した。

村人全員は、そこにまだ滞在していた地のいやしチームとともに、その現象を見るべく、海辺に急いだ。驚いたことに、砂浜にきよめの水が注がれたちょうどその場所に、砂の中から、血が噴き出して海に流れていた。

その場で、信仰から離れていたカトリック信徒の男性が、その生涯を主に明け渡した。写真が撮られた。スヴァ市（車で約一時間）からヴニアニ師が呼ばれ、彼もまた、砂の中から血が噴き出ているのを目撃した。これが実際に、二度起こった。

このことは、主が和解といやしのプロセスの中に働いておられることを確証する、主からのしるしとして受け止められた。ヨハネの手紙第一の五章七、八節「あかしするものが三つあります。御霊と水と血です。この三つが一つとなるのです。」

これは、ヌクにおける水のいやしの奇跡と似通っていた。ヌクの奇跡もまた、それが人々の間に起こった神様のきよめといやしのしるしであった。神様は、ご自分がなさっているわざとしるしを通して証明なさるのである。

ワリバウでは、ほかにも多くのしるしが立て続けに起こった。彼らの漁場に、大きな魚が戻ってきた。ある時には、かなりの量のえびが岸に押し寄せたので、人々がひたすらそれを拾い上げたことがある。カニや伊勢エビもまた戻ってきた。その大きな伊勢エビは、高い時には一匹二千円から二千五百円で売られている。

この血のしるしの後、ヴニ師は、使徒の働き二章一九節を思い起こした。そこには、主が預言者ヨエルをとおして語られたことが記されている。「また、わたしは、上は天に不思議なわざを示し、下は地にしるしを示す。それは、血と火と立ち上る煙である」。

ヴニ師は、血のしるしの後に、来るものは何かと思いめぐらし、次のしるしは火ではないかと感じた。

ナンドゥロンガ

ヴィティ・レヴ島高地

ヴニ師の長男サヴェナサ師は、この高地で二つのチームとともに奉仕していた。彼らがそこにいる間に、二つの村の上に、煙の柱が下ってきた。これは、付近のいくつもの村からも見ることができた。そこの人たちは、その柱を濃い血の色をした煙と表現した。

このしるしは、ナタレイラで珊瑚礁の上に火が下ったのとほとんど同時期に目撃された。この地域では、大量の大麻が栽培されていた。ダンドゥロンガの長老たちは、この栽培をやめさせようと努力してきていた。地のいやしミニストリーの後、全部で一万三千六百八十四株の大麻が、栽培していた者たち自身の手によって引き抜かれ、焼かれた。

ナタレイラ
ナイレヴ北部

ナタレイラの村には、四つの教会があった。教会間、またその会員の間には、全く交流がなかった。それが、村内部の親戚や家族同士にさえ影響していた。伝統的な魔術がまだ実践されていて、八人のまじない師がいた。

赦しと和解の後、これらの四つの教会の教会員たちは、祈りと断食のため、毎週水曜日に集まるようになった。毎月の第一日曜日には、四つの教会の会衆が合同の集会を行った。

何年もの間、珊瑚礁で捕れる魚は、ほんのわずかだった。大きな魚が捕れることはほとんどなく、捕れる魚と言えば小魚ばかりであった。珊瑚礁もほとんども死んでいて、まだ生きているものも、ほぼ死にかけているような状態であった。

和解の後、二回にわたって、珊瑚礁の上に空から火が下るのが目撃された。それからは、海に大きな魚が大量に戻ってきた。珊瑚礁は今、息を吹き返しており、至る所で新しい珊瑚が育っていることを目にすることができる。

嵐がやって来て、漁をする舟を出せない時、女性たちが祈ると、大きな魚が岸に近づいてきて小さな池に入り込み、その結果女性たちは、そこで難なく魚を捕ることができた。付近の村々の女性たちがこれを聞いて、彼らも同じ体験ができるように祈ったのだが、同じような結果にはならなかった。

ドゥラウンブタ

ナヴォサ高地（スィンガトカ市の北方）

地のいやしのプロセスの中で、大麻栽培者の代表たちがチームを訪ね、もし彼らが大麻を処分したら政府はどんな見返りを与えてくれるのかと聞いた。彼らには、一連の要求事項があった。大麻の数は膨大で、推定七億円相当と見られた。栽培していたのは九人である。チームのリーダーたちは、その彼らに、選択は自分たちでするべきこと、神様に従って自分たちの生活のために主を信頼するべきこと、だれかが彼らのために何かをしてくれる約束が全くなくてもそうするべきことを語った。それができなければ、いやしのプロセスに参加するべきではないことも告げた。

プロセスが終わった時には、和解のプロセスの一環として、大麻栽培者たちは、その産物を処分した。一万二千株以上の大麻と六千以上の苗だった。

これらは、二〇〇一年以来フィジーで起こっている、数多くの奇跡的出来事の一部である。毎週、さらにこのような出来事が起こっている。それは、赦しと和解と地のいやしのプロセスがなされる結果である。

誠実さはいつでも神様からの応答をもたらす。

＊　＊　＊

赦さないことは、
人の心の中から出てくる数多くの破壊的な事柄と同じく、罪である。
この罪を認め、それを告白し、
二度と赦さない思いに縛られないと決意することは、
私たち自身と
私たちの地と
私たちの国
そして私たちの異文化間人間関係に
いやしをもたらす

＊　＊　＊

平和とは、単に争いがなくなることではない。
それは、それまで対立していた個々人または群れが
互いに益をもたらし、互いに喜び合える人間関係の中で、
永久につながり続けていくことだ。

第六章　国民の赦しの週間——リバイバル持続の鍵

キリスト者が意味する「赦し」は、キリスト教が入ってくるまでは、フィジーの文化には無い観念であった。国家のあの壊滅的出来事が、今や人間の思いや能力を超える何かを必要とさせた。

「『私を赦してください』。この短いことばが、私たちの間に存在するあらゆる分裂分派の争いで勝利を得させる最も強力な武器なのだ。たった一つの変えられた心、たった一つの赦しの行為が、なだれのような悔い改めをもたらすことができる。その意味で、あなた自身もまた、あなたの国に奉仕することができる。あなた自身が戦争を終わらせ、平和をもたらす手助けをすることができるのだ。しかしそれは、人間の心という戦場での戦いをする時のみ可能だ」（『ブルーダーホフ版 赦しのガイドブック』二〇〇四）

所変わって、太平洋をはさんだフィジーの西側で、シドニーにいる一人の人が、主によって与えられた一つの重荷を担っていた。その重荷とは、「ナショナル・フォーギヴネス・ウィーク＝国民の赦しの週間」をオーストラリアに定着させることだった。しかし主は、それをまず最初にフィジーに伝えるべきことを、明らかにされた。

彼、ロブ・ウォーレン師は、「海は鳴りとどろけ」の予告編を見て、ある人と接触しなければばならないと感じた。それは、ヴニアニ・ナカウヤサ牧師であった。そこで二〇〇二年十一月、ロブ・ウォーレン師と筆者は、「国民の赦しの週間」について話をするために、教会指導者たちと会うことができるか確かめようとフィジーに飛んだ。彼らはまずヴニ師と会い、次にACCFの指導者たちと会って、フィジーにおける「国民の赦しの週間」の概念を提示した。質問と討議がなされた後、このプロジェクトに対する賛同が非常に強いとわかったので、ACCFの参加教会でそれを取り入れることが提案された。

その時の訪問の中で、二人は大統領に紹介され、大統領もまた、このプロジェクトに対する心からの支援を表明された。

この概念は、十九世紀のアフリカで、ある部族が体験したことに原型がある。その部族は、毎年一度、一週間を割いて、部族、教会、そして家族間で起きた、ありとあらゆる種類の非難中傷を、それがたとえ誤解であったとしても取り上げるようにしたのだ。その週間のクライマックスは、ともに祝うセレブレーションで、それがお互いまた神様とのつながりを強めた。その焦点は、「一対一」の赦しだった。それが、結果的により大きな国家的出来事にまで解決をもたらしたのである。ACCFに提示されたことだが、このセレブレーションの時を、赦しの力、また神様の赦しとそれを必要とする人間の姿とを理解するための一つの道具として、地域に紹介することを提案した。

時間の経過とともに、二〇〇三年を通じて、ACCFによる計画が進行したとき、首相がこの式典の提案を議会に提出し、同じ年の十二月には、それが国家行事として制定され、二〇〇四年九月に「国民の赦しの週間」として実施されることが公示された。二〇〇四年の八月の時点で、「国民の赦しの週間」がフィジー・デー（独立記念日）に合わせて十月まで延期されることが決められた。そのようにしてそれは、フィジー・ウィークの名の下、「国民の和解と赦しの週間」として実施された。

内閣は、首相を長とする国の組織委員会を制定した。その行事をまかなうために、四百万円相当の予算があてがわれた。

その週の出来事を取り上げたメディア報道のいくつかを挙げよう。

1.「これは過去、一九八七年と二〇〇〇年に起こったことに対して赦しを求める、伝統に則した式典であり、私たちはそれが受け入れられることを望みます。私たちはまた、二つのクーデターで被害者となった他のすべての皆さんにもまた赦しを請います。傷を負わされた方々、孤児になってしまわれた方々、そして深い悩みを負わされた方々に対してです。ここにいる私たち、村にいる者たち、刑務所にいる者たち全員に代わり、伝統に基づくこのささげ物によって、私たちは赦していただけることを望みます」（ラトゥ・ナインガマ・ララバラヴ大族長。マスアタ、ブア及びタイレヴの族長として、またヴァヌア〈フィジーの地とフィジー人〉を代表して）

それに応答してラトゥ・ジョセファ大統領は、この国のすべての国民に代わり、互いに愛し、互いに耳を傾け、互いを大切にすることを誓った。

2. フィジー・ウィークの中で祝われた世界婦人デーで、アンディ・カヴゥ・イロイロ大統領夫人は言った。「平和は、争いを前提とする血のにじむような努力の成果です。赦しは、赦す者と赦される者双方の心の変革から来るものでなくてはなりません。そして、その実が永く残るためには、何がしかの代価を払う必要があります」（フィジー・サン紙二〇〇五年十月七日号）

3. 対革命戦闘部隊マスィウ・タワケ伍長の妻、ヘレン・タワケ夫人は、彼女の夫と部隊の他の者たちが取った行動に対して赦しを求めた。涙ながらの嘆願は、特にインド系住民に向けられた。「皆さんが失われたものは取り戻すことができず、皆さんが直面された衝撃的出来事は言葉で言い表すことができません。私は皆さんの前に立ち、赦しを請い求めます。皆さんの自由と権利が奪われた際に私の夫が行ったことに対して赦しを請い求めます」（デイリー・ポスト紙 二〇〇四年十月七日号）

4. 『人々が涙を流して赦しを求める』という見出しの記事。「昨日、ラー地域のナラワ及びヴニカヴィカロアの族長と村人たちが、二〇〇四年五月の犯罪行為に対して、涙ながらに警官隊とインド系住民からの赦しを求めた。ラトゥ・ルーク・ンガヴィンディ氏は、感情のままに交番を乗っ取ったこと、またクーデターの影響がどれほど破壊的だったかについて謝罪した。『不幸中の幸いだったのは、暴力沙汰も流血もなかったことです。しかし、それでも私たちは、インド人の友人たちを失ってしまいました。彼らがこの地域の経済的な繁栄を支えていたのです。今は彼らを呼び戻す時です。』」（フィジー・タイムズ紙 二〇〇五年十月八日号）

5. それほど深刻でない記事もある。「和解の週間を大臣が身をもって示してくれたことは評価できる。ある大臣はその週の霊性に強く動かされたので、公の場で彼は夫人の赦しを求めた。そこでわかったことは、この大臣が夫人を家から追い出していたということだった」（フィジー・タイムズ紙 二〇〇五年十月八日号）

6.「国民の赦しと和解の週間」に寄せて

（その週間を体験した友人から筆者への個人的手紙）

「十月十一日の月曜日は、一九七〇年のフィジー独立を記念する祝日で、『国民の赦しの週間』の行事を行うには最良の日だった。各出来事の真剣さと深刻とは、私たち人間の力や考えでは負うことも理解することもできないものだった。

特に、この行事が「霊の戦い」の最前線で、いまだに目が覆われている人々の魂のためだけでなく、フィジーという国全体の運命のために戦われた時はそうだった。その中で私たちは、ゲートキーパー〔〈門番〉、とりなしの祈り手〕、教会の代表者たち、ヴァヌア「フィジーの国土と国民を代表する人々」、国家そして先住民ではない人々、またキリスト者ではない人々にも参加してもらった。

日曜日午後のアルバート・パークにおける集会で、その各グループの指導者たちが個人的な罪を告白し、告白を受けた側の人々が赦しを差し伸べ、お互いが受け入れ合ったとき、しかもその場で即座にそれが起こったとき、霊の戦いの勝利は頂点に達した。そのすべてを最もよく言い表したのは、その夜のワーシップリーダーを務めたポアテ・マタ牧師の言葉だと思う。『これは神様です！』

それは、指導者たちによる各グループを代表しての「同一視の悔い改め」「先祖の罪も含めて、民族や群れの罪を自分のものとみなして悔い改めること」だったが、始まりはペンテコステ派諸教団の告白だった。アッセンブリー・オブ・ゴッド、クリスチャン・ミッション・フェローシップ、使徒の宣教フェローシップ・インターナショナルなどだ。彼らが、メソジスト、カトリック、聖公会の主流派教会に対して告白したのだ。

それから主流派がペンテコステ派に対して告白した。

さらにすべての教会がヴァヌアに対して告白した。

ヴァヌアが教会に対して告白した。

教会が国家に、そしてキリスト者でない人々に対して告白した。

ヴァヌアが国家に、そして先住民ではない人々に対して告白した。

国家が、首相閣下の導きの下に、教会、ヴァヌアそして先住民ではない人々に対して告白した。

すべての告白は、告白した人々と同じスピリットにあって受け入れられた。

デイヴ君（筆者のこと）、これ以上何が言えよう。ただ私たちは、私たちの感情を涙で表すほかなかった。これは普通ではない。それはフィジーのもう一つの顔だと言うしかない。『主が私たちを導かれたとおりを成し遂げたいという思いで一つになった顔』だ。

教会指導者たちは、そこからさらに一段階進んだ。各界の指導者たち──政府、ヴァヌア、教会そして先住民ではない人々の代表者たちの足を洗うことをしたのだ。

洗足式は、指導者たちがしもべとしてフィジーに仕えるようにという、キリストの嘆願だった。デイヴ君、私は海外の二人の兄弟に言ったと思うが、私たち（特にフィジー人）はすこぶる『リーダーシップ追従型』の民族だ。指導者が行くところに私たちも行く。それはある種の義務、必要条件なのだ。指導者たちがしもべとしてのリーダーシップスタイルに導いていく結果を想像できるだろう。そうでなければ、かの二つのクーデターによる危機で証明されてしまったのと同じ結果しかないのだから！

族長大会議は、この「同一視の悔い改め」のプロセスを、草の根のレベルで人々に実行してもらうことを決定した。私たちは彼らの願いをよく理解するし、また心から尊敬する。その上で、三つの県の三人の大族長が、教会、特にペンテコステ派教会の指導者たちに個人的に謝罪する機会を持った。

彼らの告白の内容は以下の諸点だ。

a）新しい教派が自分たちの県内に入ることを阻止したこと
b）教派の礼拝施設を焼いたこと
c）牧師たちに対して身体的に危害を加え、傷つけたこと
d）それらの教会に対するうそや偽りの悪評を流布するなど、いろいろな形での危害を加えたこと

この族長たちのほとんどは、彼ら自身、またその家族にとってはメソジスト派だけが教会である、と考えていた。

族長の一人は、地面にひざまずいて教会指導者たちからの赦しを嘆願した。彼は、ペンテコステ派教会に対して犯した過去の過ちによって、彼の県では物事が思うようにうまく行っていないことを認めた。デイヴ君、こんなことは今まで目にしたことがないのだ。私たちの民族の伝統的な指導者として、自らの資質としての族長たちが、神様、そして神様のしもべである教会指導者たちのあわれみと赦しを求めたのだよ。

告白を受けた側の教会指導者たちも言葉を失い、深く感動した。人々は沈黙の中で、目に涙をためながら座っていた。これは神様だ。君の祈りに感謝している。何一つ無駄ではなかったよ。

私個人にとっては、日曜日の出来事が、神様が定め、神様が与えてくださった最高のバースデイ・プレゼントになった。その日がちょうど私の誕生日だったのである。私は心の中で（他の人たちもそうだったかも知れないが）フィジー・キリスト教会連合とフィジー教会会議とが、それぞれの立場を妥協することなく協力し合う道を見つけてほしいと願ってきた。これまでの長い間に、特定の教派間では百年以上と言うべきだろうか、お互いを分離させてきた違いの数々よりも、共通していることの方がはるかに多いと確信している。そのほとんどが日曜日に告白され、そして赦しがもたらされた。主が栄光をお取りになり、私たちに祝福を下さるように」

7. フィジー・ウィークのときに、観光相ピータ・ナクヴァ氏は、スィンガトカ市で次のようにコメントした。「赦しは私たちを、自分たちの過去による束縛から解き放ち、高みに挑み、新しい地をうかがうための力にみなぎらせてくれます。いやしは、赦しの瞬間から始まります。赦す心を持つ人々によって、私たちの町や村がどれほど変わることができるか、想像してみてください」（ザ・サンデー紙 二〇〇四年十月十日号）

フィジー・ウィークに続いて、和解と赦しの式典が成された様々な町や地域から報告が寄せられた。そのいくつかは、二〇〇〇年五月の出来事の後、インド系住民と和解したいというフィジー系住民の願いがいかに本物であるかを示している。

ムアニウェニでも、その他タイレヴ、ドゥレケティ、またセアンガンガなどの農村地域でも、インド系農民たちは襲撃を受け、持ち物や家、財産を盗まれ、壊され、焼かれた。フィジー系住民の代表たちは、これらの家族のほとんど全員を実際に訪問し、マタニンガサウを差し出して、フィジー人がインド人に対して行ったことを謝罪し、同時に彼らからの赦しを求めた。インド人たちは恵みをもって応答し、過去に受けた痛みに対して、同胞であるフィジー人を赦した。

この草の根での和解と赦しは、起こっていたことの真の深みと重要性を明白にするものだ。それが真実なものでなかったとしたら、人々は、アルバート・パークの公の場で指導者たちに一任していたはずだ。しかし、そうするのでなく、人々は本当に自らへりくだり、自分たちが罪を犯した人々と和解したのだ。

第七章　人生を変える出会い

クーデターの首謀者たち

フィジーで一番際立っている回心の一つが、二〇〇〇年五月のクーデターの顔となったジョージ・スペイトのそれである。逮捕され投獄されてからスペイトは、イエス・キリストとの人生を変える出会いをした。あの出来事から五年を経てスペイトと会見したが、フィジー議会に銃を突きつけ五十六日間拘留したのと同じ人物ではなくなっていることは明白だ。赦しに関しては、彼は、神様が彼の悪い行いを赦してくださったことを知っている。クーデターにおける彼の行動だけでなく、彼の人生のすべての悪い行いもである。彼の心配は、彼が害を加え傷つけた人々が彼を赦してくれるだろうか、彼らはまたキリスト・イエスにある救いの力をとおして自分の人生がトランスフォーメーションされることを願うだろうか、ということだ。

対革命戦闘部隊（ＣＲＷ）の裁判のとき、謀反の指導者だったシェイン・スティーヴンス大尉は公に謝罪し、自分の行為により害を受けた多くの家族また他の男女からの赦しを求めた。法廷にいた人々の多くは、カメラマンやリポーターを含めて、この真実な悔い改めの表明に涙した。

スティーヴンスは、神様が彼の内側から変えてくださったことを明らかにした体験について語っている。彼が投獄された後、彼の夫人が二歳になる娘を連れて家に戻ると家には侵入者がいた。その強盗は娘にナイフを突きつけて金を要求した。特に娘はその経験から心に深い傷を受けた。

数日後、そのならず者は逮捕され、スティーヴンス大尉と同じ刑務所に投げ込まれた。大尉は、自分の妻と娘に対して加えた危害の報復をその人間に加える機会を得たわけである。以前の彼ならためらわずにそうしただろうが、そうする代わりに彼はその人に歩み寄って握手を求め、その人を赦すと言ったのだ。その日のその後、看守がその人をスティーヴンス大尉の独房に連れてきた。スティーヴンス大尉に祈ってもらいたいと願い出たからだ。その人は薬物とアルコールのとりこになっていることをスティーヴンスに打ち明けた。そしてスティーヴンスは、彼をイエス様のいのちに導いたのである。

対革命戦闘部隊（ＣＲＷ）

クーデターが袋小路の状態になっていたのを打開したのは、軍とクーデター首謀者たちとが署名したムアニカウ協定だった。その協定により、すべての武器を返却するという条件で、クーデターに加担した者たちに恩赦を与えた。

しかしながら、ジョージ・スペイトや他の者を逮捕し、対革命戦闘部隊の何人かを殺しまた虐待したことによって、軍はその協定に違反したのである。

大族長の一人は、この軍部による裏切り行為を快く思わなかった。また、対革命戦闘部隊の隊員たちは軍部による仕打ちを快く思わなかった。最後に、新しく任に着いた軍司令官が対革命戦闘部隊を解散させる決断をした。

それが、シェイン・スティーヴンス大尉による謀反へと発展したのだ。彼らの意図は軍のバイニマラマ司令官を失脚させることであった。二〇〇〇年十一月二日のことである。

二〇〇三年一月八日の新聞記事は、その謀反が元軍司令官と大族長の一人、そして一人の准尉の先導によるものだったと断言している。謀反の試みが失敗に終わり、自分が逮捕された後に、スティーヴンス大尉は、ある族長の命令で動かされていたことを認めた。

加担した十五人の者たちは、逮捕されてスヴァ刑務所に収監された。それからは何人もの牧師たちが彼らを訪れるようになった。初めのうち沈黙していた彼らだが、徐々に福音に対して応答していった。彼らの回心があまりにも劇的なものだったので、刑務所全体の空気が変わってしまった。他の服役者たちもその影響を受け、刑務所の警備体制が緩められるまでになったのである。刑務所の出入りを繰り返していた犯罪者たちもすっかり変えられて出所した。

軍事法廷が開かれたのは二〇〇二年末だった。裁判の過程でフィジー・キリスト教会連合は、死刑判決を免れるため、情状酌量を求める請願書を提出した（フィジー・タイムズ紙 二〇〇二年十一月十六日号）。それは、単に謀反に至る背景のためだけでなく、裁判に至る前に被告の一人残らずが、服役している間に新しく生まれることをとおして変革していたためである。

判決が出された（全員が懲役刑となった）後、裁判長は、被告の対革命戦闘部隊員にそれぞれ心情を言い表す機会を与えた。十五名全員は一列になって法廷に感謝を表し、そして軍司令官と大統領、及び一般の人々からの赦しを求めた。最後にスティーヴンスが、涙を流しながら聖書のみことばを数箇所読んだ。それから彼は、将校たちと指揮官たち、殺された人々の夫人や家族また傷つけられた人々とその家族とに謝罪した。そして彼は、軍司令官がムアニカウ協定を破ったことを公に赦した。

法廷にいた人々で無反応な者は一人もなかった。検察側は言葉を失い、聴衆には衝撃が走った。取材していたリポーターもカメラマンも含めて、多くの人が涙を禁じ得なかった。

首相のいやし

フィジーの首相ライセニアン・ガラセー閣下は、心臓に疾患があると診断されていた。二〇〇四年十月、「国民の和解と赦しの週間」の直後に、合衆国ロサンゼルス市の病院で首相の心臓バイパス手術が行われる予定になっていた。

首相がロサンゼルスに出発する前から、多くの教会指導者たちが他の人々と共に首相のために祈っていた。

ロサンゼルスに到着し、手術に先立つ検査が行われたが、首相の心臓周囲の血管はどういうわけか血液を流れさせており、詰まっている所がなくなっていた。首相は完全にいやされており、手術はもはや必要でないことが明らかになった。

首相はヴニアニ牧師に電話し、起こったことをすべての人に伝えさせた。首相のために祈った人々は彼がいやされたとすでに感じており、いやしを確認するために検査を受けに行くよう、首相に勧めていた。

国に戻ったとき、首相はその証しを公にしたので、フィジー・タイムズ紙は首相の奇跡ないやしの証しを第一面に載せた。

男性の参加

教会の集まりには主に女性が集うのが常だった。今は男性たちが積極的に参加している。彼らは定期的に朝早く起きて共に祈っている。

多くの場所では、毎週の水曜日が祈りと断食の日になっており、それが夜の超教派合同祈り会に発展している。

教会の青年グループは毎週月曜日に合同で諸活動と祈り、そして聖書の学びをしている。

それに、毎月最後の日曜日に持たれる合同礼拝がある。どの地域でも、すべての教会が一緒になって集まるのだが、その時その時の場所は同意の上で持ち回りとなっている。新しい人々がどこの教会にも来るようになっており、インド系住民の教会も例外ではない。

インド系住民

フィジー・キリスト教会連合は主に先住のフィジー人の問題をまず取り上げるようにしているが、それは「身内」の問題が処理されれば民族間の事柄はもはや問題ではなくなる、という理解に基づいている。

インド系フィジー人たちは、フィジー人のもてなす心とフレンドリーな面とを身に付けるようになっている。そして彼らの多くは、二〇〇〇年以来、和解と赦しを求めるフィジー人たちの真剣な行為に心触れられ動かされて来た。インド系フィジー人教会指導者の一人は、フィジー人に対して「私たちは本物のクリスチャンらしく生きる必要があります！」というメッセージを送っている。

インド系のキリスト教会は、自民族の間で新しい霊的インパクトを経験している。スヴァ市のジョセフ・スーレン牧師は、伝道ラリーをとおして多数の人が触れられ、いやしの奇跡は常識的に起き、その結果大勢の人が主に立ち返っている、と報告している。

終わりにいつも問われるのは、
自分自身——心の態度である。

個人なり、組織なりが、いつも
否定的で、批判的で、対決的であることを選ぶなら、
他の人も間違いなく
同じく否定的な仕方で彼らに対応するだろう。

＊　＊　＊

「より良くかつ調和の取れた
人間関係と相互理解を達成するために、
また、傷をいやし経済状況を改善するために、
感情を害され被害を受けた側の人々が
赦して忘れる決断をする必要があることは

明白かつ理にかなったことである。」

——ナスィウ市長　ジアオジ・タホロ

＊　＊　＊

「国家の和解といやしの道が
お互いに対する理解と忍耐と尊敬とから始まることは
不可欠です」

——アンディ・サラセイニ・イロイロ夫人

第八章　赦しの年

神様は、フィジーの文化に即して、またその枠組みの中で働かれ、実に驚くべき結果を生み出しておられる。

二〇〇五年二月二十四日は、フィジーで「国家の赦しの年」が公に始まった日である。これは、和解と赦しの週間だったフィジー・ウィークによる建設的な効果の直接的結果だった。

その年間の開始を告げる開会の挨拶の中で、和解統一国家審議会の議長は、社会と国家に変化と平和、そして調和をもたらす「赦しの力」について言及した。

集まった人々に、フィジーの大統領ジョセファ・イロイロヴァトゥ・ウルイヴンダ閣下が演説して語った。「国家の指導者たちが真実の赦しを求めるのであれば、謙遜になり、過去の過ちの責任を取らなければなりません」

彼はまた、あらためて、傷つけられた人々に謝罪した。「私は、何らかの形で傷を与えた個々人や地域の方々に、ここでもう一度心からお詫びを申し上げるに当たって、皆さんにもそこに加わってくださることを勧めます。どうか私たちの謝罪を受け入れてくださり、私たちをお赦しください」

「神様を愛し、神様を求める国家として、私たちは、偏見を一掃し、真理を尊ぶ謙遜を祈り求める必要があります。私たちの弱さと限界を認める謙遜です」

「国中の一人ひとりに、私は、互いに手を取り合い、互いに愛し合い受け入れ合うため、また一緒になって私たちの愛する国、フィジー諸島共和国を建て上げるために、神様からの力を求めるよう強く勧めます」（フィジー・タイムズ紙 二〇〇五年二月二十五日号）

大統領は、「国家の赦しの年」が、国民をして一緒に集まらせ、社会的かつ霊的な刷新を必要としていることを公に認めさせるはずであると語った。

彼は、考え方と古い習慣とを恒久的に変える必要があること、また家族、地域のリーダーたち、市民社会、教会、民間セクターそして宗教団体にとって互いに結束することが大切であるとの事実を表明した。彼はまた、憲法、司法制度、土地賃貸法、そして選挙規約が分裂を増長させるのではなく、連帯感を促進させるべきものである、と述べた。

「私は自分の悪感情を追い出さなければなりません。
国家が前に向かって進んでいるのに、
いまだに過去にしがみついている人々がいます」
――フィジー国婦人担当相　アンディ・アゼナサ・サウサウ女史

第九章　害を受けた人々

世界の至る所で、和解の動きにとっての最初のチャレンジは、争い合っている当事者の双方を互いに理解し合うところまで導くことである。

第二のチャレンジは、人々が、自分たちが害を与えた人々に謝罪し、赦しを求める意志を持つことだ。

第三のチャレンジは、害を受けた人々が、害を与えた人々からの謝罪を受け入れて無条件で彼らを赦すことだ。

最後のチャレンジは、双方の人々がそこから、調和と信頼と友情の中で和解にとどまり、あたかも害が起こらなかったかのように共に住むことだ。

「和解とは、両方を理解することです。一方の側に行って他方が耐えてきた苦しみを描き出し、それから他方の側に行ってもう一方が耐えてきた苦しみを描き出すことです」（ティッチ・ヌハット・ハン）

バーの市長プラビーン・バラ議員の発言がフィジー・ウィークの間の新聞記事で引用されている。「お互いの伝統、文化、共同の思潮と共に、それぞれの地域社会が大切にする、あるいは拒絶する価値観を理解しないことは、フィジーにおける不和の根本的な原因です。この内在する欠陥が私たちの各地域の指導者また住民の間の壁の役を果たし、お互い協議したり話し合ったりすることを不可能にしていて、多くの場合は共存することの拒絶にまで至らせています。恐れと不信というがんが取り除かれなければならないのは明らかです」（フィジー・サン紙　二〇〇四年十月五日号）

二〇〇四年フィジー・ウィークの正式な政府計画の中で、野党陣営のリーダー、ミック・ベッドウズ閣下はこう書いている。「赦すという意志を働かせることは、私たちのある者にとっては非常に困難な取り組みである。特に、人質となった栄えある国会議員たちや愛する者を失った家族のように、二〇〇〇年の五月と十一月の出来事の結末として直接の害をこうむった人々には特にそうだ。私たちは、忍耐を持ち、その人々の痛みを理解し、彼らが自分の感情に区切りを付けるために必要な時間と空間とを提供する必要がある」

彼は続いてこうも記した。「私たちの中で、何らかの形で間接的に苦しみを味わった者は、私たちすべてが耐え忍ばなければならなかった悲痛と困難をもたらした者たちを赦すことを、誰よりも先に考えることができるのであろう。しかし、私たちが赦す前に、私たちから赦しを求めている者たちが、その悪行を悲しみ後悔していることを目にする必要がある。そして、彼らが赦されることを真心から追い求めていることを確かめる必要がある」

世界の先住民族は理解されることを必要としている。人々が植民地化され公民権をはく奪された所では、その人々とその土地との伝統的な関係を現在の住民が認知し、高く評価するべきだ。もし搾取や不正取引や残虐行為が行われたなら、その一つ一つが真実をもって認められなければならない。正義が果たされるためには賠償も必要になるかもしれないが、赦すことなくして賠償を受け取っても、不正行為も不正行為を受けた人も解決を見ることはない。賠償には過去を切り離すこと、不正を働いた人々の明らかな義務に対して明確に終止符が打たれることが伴わなければならない。

その土地の開拓者たちと新しく植民地化された国の移住者たちもまた、理解されることが必要である。彼らの多くは、何世代にもわたってその新しい祖国に住んできた。そして、彼らの先祖が来る前に先住民族が持っていたのと同じような「地とのつながり」を感じるようになっている。アイデンティティは大切だ。彼らは、自分たちが生まれた国の国民として知られることを望んでいる。フィジーで生まれたインド系住民は、先住の人々の気持ちとして、他の人種の人がフィジー人として知られることを望まないと知ってはいるが、それでもフィジー人として知られたいと願っている。（バー市のバラ議員、フィジー・サン紙 二〇〇四年十月五日号《付記F》参照）

ほとんどの人々が自分の生まれた土地に執着することは事実だ。大概の人にとって、このきずなは、彼らの先祖がやって来る前にそこに住んでいた先住民族に引けを取らない強さのものである。

フィジーにいるインド人地主たちの大半はそこで生まれた人々だ。それは彼らの親たちも同じである。この人たちは、最初の侵略や不当な賃貸借契約、あるいは不当な物々交換による土地の取得と何のかかわりもない。

誰一人、家族や国を自分で選んで生まれた人はいない。先住の人々は、過去において他の人種の人々がしたこと、しかも多くの場合は自分の先祖がしたのでもないことのために、今日の他人種民に責任を取らせることはできないことを理解する必要がある。

私たちには過去を変えることはできないが、私たちの将来を変えることはできる。

フィジー和解統一国家議会議長アカニスィ・ケドゥラヤテ・タンブアレヴ博士はこう書いた。「傷つき壊れた関係が修復されるのは、悪を行った側が表に出て、自分たちの間違い及び過去に暴力と不正義とを行っていたことを告白する時にのみ可能である。しかし、それと同時に、害を受けた人々が真にいやされ関係が修復されるためには、彼らの側に、害を与えた者たちを受け入れ赦すだけの謙遜さもなければならない」

フィジー人たちは、将来を変えていく責任は自分たちの今日の決断と心構えという力にかかっていることに気付いてきている。

赦すことは、危害という力から加害者と被害者の双方を解放し、相互に有益な関係によって肯定的かつ建設的な将来に至る道を開くものだ。

赦さない心に固執することは、ちょうど被害者が、毒を持っていれば加害者が死ぬだろうと信じるのと同じである。害を受けた人々は、赦さない心を加害者を罰するための武器として握り締め、加害者を赦すことが責任から逃れさせることだと誤って考える。

「赦すことは、二〇〇〇年五月の危機の間に傷つけられた人々のためになることです」。と野党陣営のリーダーであるミック・ベッドウズ氏は語った。「痛み、怒り、憤りのすべてを心に長く抱き続けることは、傷ついた人々の側により大きなストレスを作り出し、時間と共に、自分たちが維持してきた傷よりもはるかに大きく自分たちの健康を害していくでしょう」（フィジー・サン紙 二〇〇五年十月六日号）

心理学者も医療関係者も一様に、赦さない心と苦い思いがもたらす感情が、打ちのめされた人々の身体的健康に影響することを認めている。

二〇〇四年のフィジー・ウィークで大きな話題となった一つは、和解の式典にフィジー労働党のマヘンドゥラ・チョードゥリー党首が欠席していたことだった。その式典で、彼を首相の椅子から失脚させたクーデターにかかわっていた族長たちや人々が、伝統に基づく真心からの謝罪をし、赦しを求めることを願っていた。謝罪する側を代表したナイタスィリ族長のロー・セルー・トゥイセセ氏は、労働党首が二〇〇〇年の激変で心の痛手を負ったことをわきまえているが、それでも伝統に基づく謝罪の式典に党首が出席するべきだったと語った。

事実、これらの族長たちは、人質にされていたチョードゥリー氏と議会の同僚たちの解放のための交渉で、中心的な役割を果たした人たちだった。ロー・セルー氏は、ナイタスィリから多くの人が議会に入っていたことを明らかにし、彼らがすべてを水に流して自分たちのインド人兄弟姉妹同胞と手を取り合い、フィジーを真の多民族、多文化の国にするため働くことを願った、と語った。（フィジー・サン紙 二〇〇四年1十月五日号）

フィジー・サン紙の社説（二〇〇四年十月五日号）は、加害者の謝罪に対し被害を受けた側が肯定的に応答することの重要性を理解させてくれる。「労働党の姿勢は、『我々は深く傷ついているので、今も、これから後も、いかなる謝罪も聞きたくない』という残念なメッセージを伝えるものだ。それは、国がもう一度まとまろうと取り掛かっているときに一つの政党が片隅ですねている、という印象を与える」

このことに関して、サマンブラ・シーク寺院のダーラム・スィング事務局長はこう語った。「彼らは、ここにいて和解のプロセスをサポートするべきでした。私たちは皆、和解し、赦し、忘れることを学ぶべきです。私たちは多民族社会に住んでいて、共に生きることを学ぶべきだからです。赦すことが困難であることはわかりますが、私たちはこのままの状態をどれだけ続けられるでしょうか。私たちはこのまま行くことはできません。むしろ赦しを追求するのです」

（デイリー・ポスト紙 二〇〇四年十月五日号）

婦人担当政府大臣アンディ・アゼナサ・サウサウ女史は告白した。「私は自分の悪感情を追い出さなければなりません。国家が前に向かって進んでいるのに、私たちのある者はいまだに過去にしがみついているのです」（デイリー・ポスト紙 二〇〇四年十月七日木曜日号）

国土の新しい入植者たちの感情は理解され評価される必要がある。二〇〇四年のフィジー・ウィークでは、フィジーで生まれたインド人の何人もが、それを以下のように表現した。

1．ナラヤン・チャンド氏はタイレヴの農場主の一人で、自分の家も農場も二〇〇〇年五月の暴動の時に失った。彼は、個人的に彼と彼の家族は非常に苦しみ、貧困に陥らされたと語った。涙を必死にこらえながら、彼は、自分があきらめて見捨てた土地は自分の先祖に属するもので特別な思い入れがあるとも語った。

彼は、ムアニウェニに戻るつもりは全くないと言い、「戻ることは私の胸が引き裂かれるような感情を生みます。戻って同じ人々と顔を合わせ、不安と恐れを覚えるよりも、この貧困のまま生きるほうがいいんです」と語った。

彼によれば、政府がどれほど多くの和解の取り組みをしても、生活は決して元と同じくはならない。「恐れは取り除くことが非常に難しいものです」。「物質的な損失には目をつむることができても、私たちが直面した屈辱と恐怖は、私たちの心に深い影を落としています」

彼の妻、シャヴィラ・デヴィさんは、家族が味わった痛みと苦しみを表現する言葉がないとのこと。国全体が一歩前進したその陰で、クーデターの本当の被害者たちは忘れ去られている、とも語った。（フィジー・タイムズ紙 二〇〇五年十月五日号）

2. ハシシュ・ネシュ・ラルさんは十九歳の看護士である。「国民の赦しと和解の週間」のとき、フィジー人とインド人とが共に祝う踊りと音楽のパフォーマンスがあった。ハシシュさんはフィジーの伝統的な衣装をまとうことができたが、彼はそれをまことの特権と感じた。「私のこれまでの人生で、こんな風に感じたことは一度もありません。伝統的な衣装を着ているだけで、私の国を実に誇りに思わせられます。私のインド人の血筋とは関係なく、私はいつも自分がフィジー人であることを誇りに思っています。けれども、今日このように重みのある民族衣装を着るために選ばれたことが、私を特別な存在にしてくれます。こうしている私たちのメッセージがはっきり伝わることを望んでいますが、それは、この国で異なった人種の私たちが住んでいても、私たちはみんな一つの国に属していて、一致が勝ち進むのを見るべきだ、ということです」（デイリー・ポスト紙 二〇〇四年十月五日号）

3. 今はブリスベンに住むG・チャンド氏はこう書いている。「私には、一九八七年と二〇〇〇年の痛みが被害者たちの思いの中に消すことのできない傷を刻み込んだことがわかっています。繰り返し繰り返し、フィジーのインド人たちが彼らの生まれた国で歓迎されず、望まれていないと感じてきたことは、周知の事実です。それが理由で、私はこの外国、オーストラリアにいるのです」（フィジー・タイムズ紙 二〇〇五年十月七日号）

4. ナスィウ地区マコイのチャンドリカ・プラサド氏は、和解が起こるべきであり、人々の間の嫉妬は取り除かれなければならないと語った。彼もまた五月の暴動のときに痛手を受けたが、フィジー人の隣人たちと和解することをとおしてすべてを忘れたと語っている。（フィジー・サン紙 二〇〇五年十月七日号）

5.「和解——この言葉を口にすることは実に簡単です。『和解』。しかしながら、和解を真実に高く評価することができるのは、自分自身を一九八七年と二〇〇〇年の衝撃的な出来事に置いて、被害者が通った痛みを理解するときのみです」

先住民族であっても、あるいは新しい地の入植者であっても、これらの証言、体験そして見解が私たちを助けてくれ、自分たちが結ばれている地から動かされてしまうとき人がどう感じるのかを理解させてくれます。

「われらに罪を犯すものをわれらが赦すごとく、
われらの罪をも赦したまえ」

——イエス・キリスト

第二部

この第二部で著者は、和解のプロセスとオーストラリア（あるいは和解を必要とするどの国でも）の諸問題をあらためて吟味してもらい、フィジーの体験から将来への道を引き出してもらうために、読者にチャレンジを与えます。

ここから続く各章で述べられること、あるいは直接的で率直なアプローチによって気分を害される方には、著者がお詫びいたします。どのような人種のグループや宗教のグループに対しても、無礼や差別、または中傷する意図はまったくありません。

著者は、オーストラリア先住民族、アフリカ人、アジア人、中近東人、ヨーロッパ人、太平洋諸島人、マオリ人また白人との親しい友情を定期的に楽しんでいます。

目的、目標はいやしと和解です。すべての文章は差別なしに書かれています。

私たちの国に対する神様の解決を見出すには、私たちは徹頭徹尾正直であることが必要です。私たちの言論の自由が徐々に侵食されてはいますが、それでも私たちは、和解に向かう私たちの取り組みの本当の姿に客観的な視点を向けなければなりません。

私たちは、「主よ、来て私たちの地をいやしてください」と祈ることが出来ますが、現実はその責任が私たちにあるということです。

「フィジー人たちは、将来を変えていく責任は自分たちの今日の決断と心構えという力にかかっていることに気付いてきている」

第十章　オーストラリアに対する教訓

経済的な賠償は穴だらけのバケツに水を注ぐようなものであることが、過去に証明されてきた。どれほど水を注いでもバケツは決していっぱいにならず、絶えずより多くを求める。オーストラリアにおける「和解」が三十年たった今、先住民族と白人オーストラリア人との間の関係のいやしに関しては、真の進展もしくは恒久的な実は見られていない。

先住オーストラリア人には、土地を取り上げることあるいは住民の殺戮という過去に何のかかわりもない、政府と現在の世代から、過去に対する賠償を求め、その責任を負わせようとする人々がいる。しかし、それは彼ら自身を神様の祝福の外に置く行為だと思われる。私たちの必要が満たされ、物質的にも経済的にも、また霊的にも繁栄するためには神様ただお一人に信頼することが不可欠だ。これらの祝福は、私たちがそれを自分たちのやり方で得ようとするなら、私たちから去って行くかもしれない。より良い結果を得るためにはより良い方法があるのだ。

フィジーの体験は、私たちが自分の責任に属することがらに精進するなら、神様はすべてのことを正してくださることを示している。私たちが自分で変えなければならないことを絶えず他の人のせいにするなら、同じ所をぐるぐる回り続ける不毛の道にいることになる。

狂気のしるしは、同じ問題に同じ方法で対処し続けながら違った結果を期待することだと、冗談として言われる。私たち多くの者は、和解に対してこれと同じアプローチを取っている、と言えるのではないか。

私たちに変えることができるのは過去ではなく現在と将来であることを、思い起こしていただきたい。もしも私たちが、現在において過去を処理するなら、私たちは将来を最善のものに変えるであろう。

私たちの運命は神様によって定められるので、もし私たちが自分のやり方ではなく神様のやり方で物事に当たるなら、神様が積極的に責任を取ってくださる。

フィジーの政府大臣の一人、アンディ・アゼナサ・サウサウ閣下はこう語っている（フィジー・サン紙二〇〇五年十月六日号）

「どんなレベルの富も、和解と一致なくしては平和も繁栄ももたらさないことを認知するのは、大切です。その点で赦しが鍵となって、和解と一致に至らせるいやしのプロセスを効果的にするのです。

赦すことを拒むスピリットを養うことがどれほど大きな代価を払うことになるかに気付くなら、私たちは決して、そのために道を開くことはしないでしょう。それは、私たちと他の人々とに不必要かつ前代未聞の苦痛をもたらすことになります。私たちが誰かを赦さないとき、次に来るステップは心の中でその人を憎み始めることです。そしてやがては、私たちの人生に対する神様の目的を踏み外した人生を送るのです」

オーストラリア統計局が出した、一九九八年から二〇〇〇年までのアボリジニとトレス海峡の島民たちとの平均寿命の報告である。

性別	**平均寿命**	**オーストラリア平均との比較**
男	五十六歳	(マイナス)二十一年
女	六十三歳	(マイナス)二十年

先住オーストラリア人平均寿命のこの極端な短さの原因は、過去二百年のトラウマに根ざしている可能性があるのだろうか？　白人オーストラリア人に対して赦しを差し伸べる必要と関連があるのだろうか？　寿命の短さが赦さない心の結果だと、非難するのでも裁くのでもない。これはただ、恐ろしく、悲しい問題に対する答えを切実に求めるゆえの問いかけである。私たちの多くは、親しい友や家族をあまりに早く失っている。私たちは神様を信頼し、結果をゆだねて神様の方法を取るべきだ。それは無条件に赦し、すっかり忘れるという道である。

これに関して、今一度ミック・ベッドゥズ氏の言葉を引用しよう。「痛み、怒り、憤りのすべてを心に長く抱き続けることは、傷ついた人々の側により大きなストレスを作り出し、時間と共に、自分たちが維持してきた傷よりもはるかに大きく自分たちの健康を害していくでしょう」（フィジー・サン紙 二〇〇五年十月六日号）

私たち、自らをオーストラリア人と呼ぶすべての者に対するメッセージは、過去に決別し、赦しを求めまた赦しを与え、結末と必要の供給を神様に信頼してゆだね、それぞれの地域においてすべての人と和解のうちに生きる、ということである。

一つの国家的アイデンティティ

「赦しは明け渡しを必要とします。被害者の憤りの明け渡し、加害者の自己正当化の明け渡し、そして私たちすべての『排他的アイデンティティ』の明け渡し、です。赦しは、心の深いところでの変革と厳しい努力とを必要とするのです」（ＰＴＣ牧師ラッセル・デイ博士、ヴェイウト）

「私たちは、フィジーのすべての人々にとってアイデンティティたり得る共通の名前を見つけなければなりません」（バラ議員、フィジー・サン紙 二〇〇五年十月五日号）。国家的アイデンティティの問題はフィジーにおける論議の一つでもあるので、私はここで以下の鍵となる記事を引用することにした。ここオーストラリアでもまた、この問題を取り上げる必要があるからだ。この主題に関するもう一つの記事は《付記F》に載せてある。

共通の呼び名

フィジー・タイムズ紙 二〇〇五年十月五日号社説

「今週は、この国の国民にとっての共通の呼び名というテーマを再考するには適切な時であろう。

私たちは、自分たちを世界のフルーツサラダのように——異なった文化と信仰が共存してはいるが決して一つにはならない国として、見ている。

共に生きてきた一世紀以上の間、二つの主だった人種は、それぞれのアイデンティティと文化とを嫉妬深く守ってきた。この二つの人種をまとめようとする試みは数多くなされたが、なぜか、そのような動きの背後にある人々——私たちの政治的リーダーたち——がその一番大きな障害である。

この国はいくつもの民族に属する人々の家であり、それら民族の一つ一つがそれぞれ独自の文化的特性と慣習とを持っている。それなのに、一つの民またフィジーの国民としての私たち自身のアイデンティティそのものを定義することまでは、まだ手の届かないところにあるままだ。

私たちの指導者たちは、あまりにも長い間、私たちの人種的ルーツに過度な比重を置くことによって、私たちの社会をばらばらなままにしてきた。私たちはいまだに、自分たちをフィジー人、インド人、ヨーロッパ系人、ロトゥマ人、太平洋諸島人、中国人と呼んでいる。

今や、すべての者がフィジー人になるべきだ。

これは、すべての指導者、特に私たちの国会議員たちが真剣に受け止めるべきチャレンジである。私たちは、この共通の呼び名という議題を誰が議会で提案するかを見守ることにしよう。

私たちはまだ、このことを解決に至らしめるほど大胆な指導者を見ていない。

社会に影響力を持っている伝統的指導者たちは、すべての国民に共通の呼び名を持つための最初のステップを踏み出す願いを持っている可能性がある。共通の呼び名を持つことは、人種間の調和と一致の達成に向かう最大の一歩を踏むことになる。それがより良い人種関係を促していくだろう。

「和解の週間」のオープニング・セレモニーで、異なる人種的かつ宗教的背景の子どもたちが、あどけない顔で共に歌いながら旗を振る姿は、とても美しく末頼もしいものだ。彼らが、今後残されている人生で自分たちのものだと言える共通の呼び名を持つことさえできたら、と思う。指導者たちは彼らに対してその義務を負っている。

この国でのこれら子どもたちの将来は、今日の指導者たちが行う一つ一つの決断によって定められていく。この子どもたちはおそらく、インド人また中国人とは呼ばれたくないはずだ。彼らの家族は、ずっとこの国に住み、この国のために貢献してきたのだから。

この週に皆が一つの共通の呼び名で呼ばれるようになれば、それは大きな業績となるはずである。真の和解と一致を達成するにあたって、それが最大のチャレンジとなるであろう。

国民のためにすべての者を包むアイデンティティを持たない国は、いつまでも未完成のままだろう。しかし、それは達成可能なことである」

オーストラリアは、旱魃、火事、洪水、人種間の緊張、さまざまな中毒と犯罪とによって荒らされている国だ。私たちの国はいやされる必要がある。これは神様の方法でしか起こらない。

これは、国中にいる私たちの先住の兄弟姉妹に対する呼びかけである。お互いの間で、そしてこの「巨大な南国」のすべての移住者また住民に対して、無条件で赦すことという神様の方法を選び取るという召しだ。

「私たちは人種分離の推進者たちに
『ノー』と言い始めなければなりません。
私たちの代表となる人々を選ぶにあたり、
代表になることを求める個々人の肌の色にではなく、
その人の特性、その勇気、その公平感覚、
その共感性、そして
人々の一致と調和という理想に対するその献身に
目を留めなければなりません。」

——ミック・ベッドウズ氏

「あの偉大な南アフリカ人、
ネルソン・マンデラ氏のことを思い出してください。
何年もの弾圧と苦しみの後に、
彼を捕らえた者たちによって彼は解放されました。
彼は、南アフリカの白人たちが
彼とまたすべての黒人南アフリカ人に対して謝罪するべきだとは
固執しませんでした。
代わりに、十字架上のイエス様のように、
彼は彼らを無条件で赦しました。
彼は、神様の永遠に変わらない愛の恵みと
神を愛するようにあなたの隣人を愛しなさいという
イエス様の偉大な戒めとから
インスピレーションを受けていたのです」

——ライセニアン・ガラセー閣下

第十一章　ネヴァー・フォーゲット（決して忘れない）

先住オーストラリア人たちが白人オーストラリア人を信用しないのには数多くの理由がある。一七八八年の移住開始以来、彼らは白人たちによる差別、虐待、拒絶、強制退去、搾取そして酷使を強いられてきた。しかし、これらの言葉は、彼らが過去と現在の何世代にもわたって白人オーストラリア人から受けてきた残虐行為、人権侵害、名誉毀損、中傷などの仕打ちを十分に言い表すものではない。

先住オーストラリア人は一九六七年まで、自身の国の正式な国民としてさえも受け入れられていなかった！

オーストラリアの先住民地域で通り言葉となっている一つは『ネヴァー・フォーゲット（決して忘れない）』である。これが先住の人々の中で、白人オーストラリア人に対して和解しない姿勢を培ってきた。

フィジーにおけるフィジー人とインド人の人種紛争を考えると、ほとんどのフィジー人はそれと同じ偏見の中で育てられてきた。その偏見とは、「インド人を決して信用するな。彼らは賢いからお前を引きずり下ろす」というものだ。多くのフィジー人はこうも言う。「良いインド人とは死んだインド人だ」。こういうことを親たちがその子供に教えるので、深く根ざした不信と嫌悪感とが自分たちの同胞に対して固められる。まさに同胞なのに。これは、オーストラリアにある「ネヴァー・フォーゲット」と同じ線に沿ったものだ。それは過去を材料とした不信と憎しみを染み込ませるものだからだ。

オーストラリアでの和解の運動は、アボリジニ社会に対するオーストラリア政府からの「ごめんなさい」というお詫びの言葉を引き出そうとしてきた。多くのオーストラリア人が抱いている印象は、この謝罪の了承は過去の終了かつ新しい未来の出発を意図するものではなく、土地と資源に対する経済的賠償を受けるべく新しい交渉をするための足台だ、というものである。

しかし、原則として、賠償前提の和解はそれを試みてきたところすべてにおいて失敗してきた。少数の手による汚職と浪費が最もよくある結果だ。先住民族のほとんどの人は、特に長期的には、経済的賠償の恩恵を決して手にすることがない。これは、同じことを試みている他の国々においてもそうである。

これらすべての民族間問題においては、「赦して忘れる」ことが唯一つ前に進ませる道だ。フィジーの大統領は、「国民の赦しと和解の週間」における演説で、「赦しと、そして忘れるという力は個々人の決断です」と語った。

大統領はその考えを展開してこう言った。「私は今、私たちのうちで、二〇〇〇年の五月と十一月の荒れ狂う危機の中で悩まされ、多くのものを失う苦痛を味わい、身体に危害を受け、あるいは不正に投獄された人々に呼びかけます。皆さんに苦痛を強いた人々と和解してください。ある人々にとっては、これは不可能かもしれません。しかし、そういう皆さんの赦して忘れるという個人的な決断が、この国の将来と繁栄を可能にするのです、と言わざるを得ません。今の代価無くして、将来の繁栄はないのです」（フィジー・タイムズ紙 二〇〇四年十月五日号）

人種間の調和は、すべての地域社会が、相互の尊敬と信頼に根ざしてお互いに対する肯定的な姿勢を持つときに達成される。キーワードは尊敬と信頼であり、地域社会のリーダーから始まって、私たちにはそれが大いに必要なものである。

第十二章　あたかも起こらなかったかのように

「ネヴァー・フォーゲット」の考え方からは遠く隔たるのが「赦して忘れる」の体験だ！

ユダヤ教徒キリスト教に根ざす赦しの倫理は、害を加えた側からの真摯な謝罪を受け取る時点でその危害は埋葬される、という理解を伴うものである。差し出され受け入れられた謝罪は、償い目的のゆすりやしっぺ返しの材料として用いられない。

コーランは、偉大な人間の最善の行為は赦して忘れることだと述べている。

これは神様に類する愛だ。神様の赦しの唯一つの条件は私たちのお詫び、つまり私たちの悔い改めそして罪とがめから自由になりたいという願い、だけである。神様はこれを応答として行われるのであって、赦しと和解のプロセスを完成するための隷属とか懲罰を求められることはない。神様の赦しは完全で無条件なのだ。

これは、パプア・ニューギニアおよびメラネシアの数多くの地域に存在する「ペイバック」と呼ばれる復讐の概念とは正反対のものだ。「ペイバック」は「ネヴァー・フォーゲット」の考え方に根ざしていて、村社会にとって非常に破壊的である。それはオーストラリアにおいてもまた、先住民社会の多くの場所で伝統的に実施されていた。

しかし、神様が私たちを赦してくださるとき、私たちは義とされる。つまり、神様は私たちを受け入れられ、私たちがあたかも、一度も罪を犯したことがなく、一度も神様を悲しませたことがなく、一度も神様に敵対したことがないかのように見なしてくださるのだ。

私たちは、私たちに害を加えた他者に対して同じような赦しを実践するべきである。実は、私たちは、その人たちが赦しを求めないとしてもそれをするべきなのだ。謝罪がされないことは、私たちが怨みや赦さない心を持ち続ける言い訳とはならない。

誰かがその犯した罪を謝罪し赦しを求めるとき、神様がしてくださるように私たちが赦すのであれば、私たちはその人を受け入れ、あたかもその人が一度も私たちに害を加えたことがないかのように見なすべきなのである。

これが、私たちの無条件の赦しを証明するものだ。

《付記B》「南アフリカにおける義認」にはローレン・ロク夫人の驚くべき証しがある。夫人は南アフリカでとりなしの祈りと預言の働きをコーディネートしている人物だ。著者は二〇〇四年に彼女に会い、その証しをじかに聞く特権を与えられたが、彼女は私たちのために、快くその証しを書き記してくれた。赦しにおける義認の原則が持つ力について、その記事が明白に説明している。

これを私たちの教会で、黒人オーストラリア人と白人オーストラリア人の間で起こり始めるようにしよう。イエス様の命令を実現できるために。「あなたがたに新しい戒めを与えましょう。…わたしがあなたがたを愛したように、あなたがたも互いに愛し合いなさい。もし互いの間に愛があるなら、それによってあなたがたがわたしの弟子であることを、すべての人が認めるのです」（ヨハネ十三・三十四〜三十五）

私たちがもしこれを拒むなら、私たちは、地域社会に対して神様を偽って伝えることになり、どんなに努力して伝道しても、私たちが『一つになって共に住む』ときに体験する祝福もリバイバルも味わえないだろう。私たちは私たちの「地のいやし」を体験することがない。（詩篇百三十三篇）

第十三章　「赦しの週間」の実施

オーストラリアは「地のいやし」と「人々のいやし」との両方を体験する必要がある。最初にいやしが必要なのは、私たち、人間だ。私たちが神様の方法でいやしを受け取るとき、地もまたいやされることだろう。

この目的を達成することに向けて、私たちは実際的なステップを踏まなければならない。必要の認識が、私たちを動かして私たちの考え方また心の姿勢を変えさせ、私たちの家族や地域社会で赦しが起こっていくための策を練るようにさせるべきだ。

私たちの西洋的概念は、人間とその地との結びつきを簡単には受け入れさせない。しかし、これはフィジーにおいては「ヴァヌア」として明白に理解されている。人々の霊的ないやしは、個人的で身体的ないやしと同様に、地のいやしにもまで至らしめている（第四章の末尾参照）。

旧約聖書は、地とその住民との間の関係について多くの原則を示している。

1. 神様はモーセに、罪のゆえに地はその住民を吐き出すと言われた。（レビ十八・二十五）

2. 神様は、地が彼らを吐き出さないために、イスラエルは神様のおきてと定めに従わなければならないと言われた。（レビ十八・二十六～二十八）

3. 神様は、民の罪の結果として地に対するのろいを制定された。(申命記二十八・十五〜六十八。比較として、申命記二十八・一〜十四は主に対する従順による祝福を並べている)

4. 主に背くことは旱魃をもたらす(申命記十一・十六〜十七)。神様に従い、主を愛し、主に仕えることは雨と豊かな収穫をもたらす(申命記十一・十三〜十五)。

5. 神様は、民が主を求め自分たちの悪い道から立ち返るなら、地がいやされると言われた。(第二歴代誌七・十四)

オーストラリアの先住民もまた、地とその住民との関係を理解している。自らをオーストラリア人と呼ぶ者すべてが、私たちの霊的状態が私たちの地を影響していることを受け入れる時が来た。

私たちの間には、地球のあらゆる所からこの安住の地に移り住んできた人々もいる。その多くは、政治的、宗教的、または人種的差別もしくは迫害から逃れてきた人たちだ。しかし、多くの場合、彼らの生まれた国の問題はここにまで付いて来ている。それはなぜか？　それは、私たちの環境を変えても、受けてきた被害や心の傷、トラウマ、虐待または苦痛が持つ力を破るのに必要な内面のいやしはもたらされないからである。

これらのことは、私たちの社会的構造と共同体の中で明らかであり、それを無視しては私たちの本領は発揮されない。私たちは、私たちの過去と私たちの心にあるこれらの事柄と客観的にまた分別を持って直面しなければならない。問題を改めてひもとき、私たちのプライドと感情とにどれほどの代価を要求されても、赦しと和解を求めなければならない。

以下に挙げるのは、ここに住む私たちをとおして今日のオーストラリアに影響を及ぼしているいくつかの分野と要因だ。

a) **政治的闘争**…私たちの国の二大政党は、一九二七年のアイルランド共和国の誕生まで何世紀にもわたって続いたイギリスとアイルランドの闘争の歴史に根ざしている。歴史を学んだ者なら、その期間に行われてきたイギリスによるアイルランド人の征服と制圧による、決して正当化できない悲惨な出来事を知っているだろう。この国の自由国民党のメンバーは、英国プロテスタント教徒の家系の者が大半を占めている。労働党のメンバーの大半はアイルランドのカトリック教徒の家系の者だ。

この古く深い根を持つ争いが、「政府与党」と「対抗野党」とによって国中の議会を悩ましているのだ。政党政策の完遂は、私たちの連邦議会が憲法に違反して運営されていることを意味する。なぜなら、「政党の政策に沿って投票すること」は、議員たちはその有権者の意志に従うか、それとも自らの良心に従うかで投票するものであると記述している私たちの憲法に反するからだ。この不合理のゆえに、議員たちは、真に人民を代表することができず、有権者の意志や彼らが選出した代表者たちの良心とは無関係に自分たちの政策を押し通す「権限」を持っていると、誤って思い込んでいる体制に対して支援をするだけなのだ。この考えは、一八八〇年代のニュー・サウスウェールズ労働党で団結を達成しようとした試みから来たものだ。

憲法改正と共和制を推し進めてきたのは主に労働党である。なぜだろうか？　オーストラリアのアイルランド系人に対する、イギリス王室とそこに代表されるものすべての影響を駆逐するためだ。客観的に言えば、彼らの姿勢は歴史的に見て全く正当化されるものだ。しかしながら、この改革に成功してオーストラリアを共和国にすることは、政府における「反抗勢力」という病原や、あるいは英国に対する苦々しさから私たちを解放することがない。ただ赦しと和解がこれを成し遂げるのだ。過去の憎しみを背後に置き去り、私たちの国の将来のために一緒に働くことである。絶えず反対することしかしないスピリットはいつでも破壊的だ。政府は党派の関心や先祖伝来の敵対関係だけでなく、すべての人々を代表するはずである。

先祖からの敵対関係と言えば、一七九八年のアイルランド反乱の後、多数のアイルランド人政治犯が囚人としてオーストラリアに送られた。最後の囚人輸送船がイギリスから着いたのは一八六八年で、その中にはさらなる五十七人のアイルランド人政治犯が含まれていた。

オーストラリアには、一九四八年～一九九七年の間に共産主義から逃れてきた中国人も住んでいるが、その中には、一九八九年六月の天安門事件の後に保護を求めてきた人たちがいる。その内の何人かは出国する前に投獄などで苦しんだ。

政治的また宗教的虐待あるいは迫害のために中近東の様々なところから逃れてきた人も多い。

セルビアとクロアチアの紛争が、母国から一万二千キロ離れたオーストラリアのサッカー競技場で再現されている。

b) **アパルトヘイト**…植民地支配下の第三世界で生まれた多くの人々は、公にあるいは実質的に、この不正義を体験してきた。これがオーストラリアで、一九六七年五月二十七日に先住民族が完全な国民として認められるまで、百七十年にわたって行われていた。今でも、白人と先住民族両方のオーストラリア人の思いにこの悪の影は投げかけられている。

私たちの間には多くの南アフリカ人がいる。白人、黒人、そして他の人種で、アパルトヘイトの体制から逃れてオーストラリアに来た人たちだ。

c）**宗教的紛争**…ほぼ千五百年にわたり、クリスチャンとユダヤ人、そしてイスラム教徒の間であからさまな争いが行われてきた。特に十字軍のとき以来、クリスチャンからユダヤ人とイスラム教徒に対して、またイスラム教徒からクリスチャンとユダヤ人に対して、恐ろしいばかりの危害が加えられてきている。これはどのグループに対する中傷でもなく、歴史的事実である。現在の世界で起こっている出来事は、これらのことに関して、私たちオーストラリアに住む者が時限爆弾を抱えていることを示している。だから私たちは、これらの事柄に早急に対処しなければならない。

ヴィクトリア州の新しい「人種的及び宗教的中傷禁止条例」（二〇〇一年制定）は、上記グループのうち二つの代表者たちの間に、法に関する激しい戦いを生み出した。宗教的また個人的権利を守るはずの条例が、言論の自由という、西洋社会の自由のかなめに対して強襲をかけることに成功する結果を生んだのだ。しかし、裏に隠されているが、古くからの強い憎しみと相互間の不寛容がこの出来事を通して浮上したと思われる。この件に関する短い記事と、条例の批判とを《付記H》に記した。

d) **ユダヤ人大虐殺**…オーストラリアには、この民族抹殺の試みから生き延びた、あるいは家族が虐殺されたユダヤ人たちがまだ生きている。彼らはどうやってヒトラーを赦せるだろうか？　どうやってドイツを赦せるだろうか？

ドイツ政府が、約束した膨大な賠償金をイスラエル国家と大虐殺の被害者個々人に支払うまで約四十年かかった。しかし、このことがドイツを、彼らに対するユダヤ人の断罪と苦々しさと憎しみとから解放しただろうか？　この賠償金の支払いが、害を受けたユダヤ民族から赦しの温かい心を誘い出しただろうか？

e) **内戦**…オーストラリアには多数のヴェトナム人がいる。彼らの多くは、一九七五年にまで至るヴェトナム紛争の恐ろしい期間を生きてきた。

カンボジアから来てこの国に住み着いた多くの人たちは、その母国でポル・ポト政権の暴挙に深い傷を受けた人々だ。

オーストラリアにはまた、内戦やゲリラ戦の恐怖から逃れてここに来たアフリカ人や東欧人の移民が数多くいる。

f）**南洋諸島人**…彼らは十九世紀の奴隷売買の犠牲となった人々だ。特に、ニュー・カレドニアとニュー・ヘブリデス（現在のバヌアツ）の男女（カナカスと呼ばれる）は、クィーンズランド州のさとうきび畑での労働のために連れ去られた。彼らのほとんどは、契約書の約束に反して、母国に送り返されることがなかった。何人かはトレス海峡諸島もしくは他の太平洋諸島に置き去りにされた。

これらの諸島人の子孫たちは、何年もの間オーストラリアの市民としての完全な恩恵を拒まれてきた。

まとめ

私たちのオーストラリア社会には、このような例がほかにもあるが、民族的背景とは関係なく問題の根は似通っていて、その唯一の解決は神様によって、イエス・キリストをとおして提供されている。

いやしは赦しによって始まる。いやしは無条件の赦しによって完成される。

神様は、すべてのオーストラリア人がその家庭、町々、地域社会、教会そしてクラブで「赦しの週間」を実践し始めることを望んでおられる、と私たちは信じる。教会が、模範を示そうではないか。

「赦しの週間」の目標は、私たちの個人的な人間関係において「空気を入れ換える」ことである。すべての危害には、現実であろうが想像であろうが、存在する問題を悪化させるのではなく人間関係のいやしを促進するような仕方で取り組む必要がある。

どうか、本書の内容を真剣に考慮していただきたい。そして、私たちの国とそのすべての国民の将来のために、皆さんそれぞれの地域社会にある問題を直視していただきたい。私たちはまず自分の生活の中で行動を起こそうではないか。それから、これらの原則をみんなで実践していくために、他の人たちの参加を促していこう。

教会は、一年のうちの一週間を割いて、会衆と地域社会との中で赦しの力を解き放っていくことをお勧めする。地域社会のリーダーたちと教会のリーダーたちとの話し合いは非常に有益になるだろう。そのような話し合いの促しは、メディアやインタビューをとおしてすることができる。

神様と、そして人間との関係における罪ととがに関するすべての事柄に取り組むにあたり、フィジーの教会が用いている資料をガイドラインとされることを提案したい。

付記

《付記A》

「地のいやし」ミニストリー

このプレゼンテーションは、「地のいやし」チームが用いているOHPシートによる要点のみの記述である。プロセスの中では、毎日、特定の問題が一つ一つ取り上げられ、明らかにされ、告白と悔い改め、赦しと和解を通していやしが適用されていくにつれ、ディスカッション・グループや全体の祈りが絶え間なく起こっていく。

いやしのために地を備える

すべては心の態度を変えること

あなたの家族の心の態度を変える

あなたの地域の心の態度を変える
あなたの市・町の心の態度を変える
あなたの国の心の態度を変える

すべては心の態度を変えること
――あなたの家族
――あなたの地域
――あなたの市・町
――あなたの国

福音に対して

コリント人への手紙第二　五章十七～二十節

「だれでもキリストのうちにあるなら、その人は新しく造られた者です。古いものは過ぎ去って、見よ、すべてが新しくなりました。これらのことはすべて、神から出ているのです。神は、キリストによって、私たちをご自分と和解させ、また和解の務めを私たちに与えてくださいました。すなわち、神は、キリストにあって、この世をご自分と和解させ、違反行為の責めを人々に負わせないで、和解のことばを私たちにゆだねられたのです。こういうわけで、私たちはキリストの使節なのです。ちょうど、神が私たちを通して懇願しておられるようです。私たちは、キリストに代わって、あなたがたに願います。神の和解を受け入れなさい」

神様のメッセージ…**和解**

私たちのメッセージ…**和解されなさい**

小グループでのディスカッション

小グループで十五分間、福音に対する心の態度が開かれるために、教会、地域社会あるいは市・町で和解が必要ではないかと思う分野について考える。そして、出されることを書き記して報告する。

私たちは神様の地の管理人

グループに一言で「管理人」の意味を言ってもらう。それぞれの意見をボードに書き出す。(五分間)

管理人の定義

他人の財産の責任を持つ人。すなわち、神様の管理人とは、神様の財産の責任を持つ者のこと。

管理

――管理は汚されることがあり、そうすれば清めが必要になる!

――だから管理人は、当然神様のものであるのに悪い管理/罪深い管理によって失われてしまったものを、神様のために返却を求める。

私たちは次のことによって汚れる

1. 私たちがすること
2. 他の人たちが私たちにすること（そしてわたしたちが反応すること）
3. 私たちの先祖が何世代かにわたって受け継がせてきたこと——地域社会に、家族にそして教会に。そのすべてがこの「管理」に属するものになる。

悪い管理は束縛につながる

——結果として、悪霊たちは私たちが許可すること（私たちの罪）をとおして、私たちの管理に入り込む権利を得る！

——その罪が束縛に至らせる…そして傷が大きくなる——共同体にさえも

小グループのディスカッション

十五分の小グループ・ディスカッション。それぞれの意見を書き出し、後で報告する。福音の宣言に対して人々の目を見えなくする縛りが自分の地域にあれば、それがどのようなものかを述べる。

管理人の責任

地主の財産を管理人がどのように手入れするかは、管理の形に直接現れる…同じく地主の反応にも！

イエス様はこれを管理のたとえに当てはめた

——農夫たち（マタイ二十一・三十三〜三十四）

——ぶどう園の労務者たち（マタイ二十・一～十六）
——タラント（マタイ二十五・十四～三十）
——種まき／からし種／パン種／隠されていた宝と真珠／網など（マタイ十三章）

私たちの汚れた管理に対して何ができるか

ここまでのすべては、贖われ、そして投資されるべき管理に関すること。そのようにして、神様の目的がご自分の民の生活の中で実を結ぶように。（一つ一つのたとえはまた、管理が正しくなされるのを妨げる障害についての洞察を与えてくれる…管理が妨げられるとそれが失われるか、隠されるかあるいは盗まれるかになる）

ブレーンス・トーミング

自分の人生で、自分の家族で、自分の教会で、自分の職場で、地域で、あるいは町で、潜在の良き管理が現されるはずだった…が、しかし、抑制されたり、さえぎられたり、あるいは失われてしまったりさえしていないだろうか？　その底にある原因は何だろうか？（全体で十分間考える。出される意見をボードに書くか、後で報告する）

管理人は御国の国民

1. 私たちのアイデンティティは天の御国の国民――神様の子どもたち（ヨハネ一・十二～十三、ローマ八・十六～十七）であること、そして今はキリストにあって新しく造られた者（Ⅱコリント五・十七）。

2. 神様の御前に私たちの地位と身分は

a）私たちは暗闇の支配から解放されて、神の御子の御国に移されている（コロサイ一・十三）。

b）私たちは朽ちない種から新しく生まれている（Ⅰペテロ一・二十三）。

c）私たちはイエス様の血によって贖われ、罪の赦しを受けている（エペソ一・七、コロサイ一・十四）。

d）私たちはキリストによって神様と和解している（Ⅱコリント五・十八）。

e）私たちは神様の義を受けている（ローマ四・二十三、ピリピ三・九）。

f）私たちは神様の子どもとされ、神様の家族とされている（エペソ一・五、二・十九）。

g）私たちは神様の聖さによって聖とされ、こよなく愛されている（コロサイ三・十二）。

h）私たちは王である祭司に属し、神様の選ばれた民である（Ⅰペテロ二・九）。

i）私たちはキリストと共によみがえらされ、キリストと共に天の所にすわらされている（エペソ二・六）。

j）今や、キリストにある者は罪に定められない（ローマ八・一）。

効果的な塩と光になる

ローマ人への手紙十二章二節とピリピ人への手紙二章五〜八節を読む。

ローマ人への手紙十二章二節

「この世と調子を合わせてはいけません。いや、むしろ、神のみこころは何か、すなわち、何が良いことで、神に受け入れられ、完全であるのかをわきまえ知るために、心の一新によって自分を変えなさい」

このみことばはフィジーのヌク村で証明されてきた。そこでは、地のいやしのプロセスが部族と隣接する地域とを変革している。和解は苦い水（毒性の水）にいやしをもたらし、この奇跡が他の諸部族の間で神様の御名をあがめさせている。

ピリピ人への手紙二章五〜八節

「あなた方の間では、そのような心構えでいなさい。それはキリスト・イエスのうちにも見られるものです。キリストは、神の御姿であられる方なのに、神のあり方を捨てることができないとは考えないで、ご自分を無にして、仕える者の姿をとり、人間と同じようになられたのです。キリストは人としての性質をもって現われ、自分を卑しくし、死にまで従い、実に十字架の死にまでも従われたのです」

ａ）新しい考え方――キリストの思い

――謙遜と従順に色づけられた心構え

――神様のみことばに完全に服従している思い

ｂ）新しい働き方――キリストのしもべ

――自己犠牲を特徴とする心構え

――神様をあがめるため自分の権利を放棄する

ｃ）いのちの新しい見方――「管理」対「所有」

――所有と管理とにははっきりとした違いがある

――管理は、他者が所有するものを上手に扱う責任

――クリスチャンは自分が主人なのでも、最終権威なのでもない

――私たちは、キリストの血という代価をもって買い取られた（Ｉコリント六・二十）。

私たちは創造のときから神様の世界の管理人である（創世記二・十五、Ｉコリント四・一〜二）。

管理――聖書の定義

神様はご自分の所有――ご自分の地――の世話をする責任を私たちに委託されている。

1．神様は管理の実態をモーセに教え、モーセはイスラエルに教えた（申命記六・十～十二）

2．イスラエルの人々は人が地を所有できると考えなかった――神様が所有者だから――彼らは一時的に保管し管理するだけ。（レビ二十五・二十三参照「…地はわたしのものであるから。あなたがたはわたしのもとに寄留している異国人である」）

3．過去においても――現在においても、一人一人の人間／一つ一つの国は、神様の所有物を一時的に任されてきている。

4．地を任されてきた者たちは、神様から委託された物の良き管理者たる責任を負っていた。やがての日、その地の管理者として釈明しなければならないからであった。

5．管理者は、実のところ神様の時とタラント、そして宝を預かっている！　だから…管理することは毎日のことで、日曜日だけではない！

キリストにある私たちの身分（管理者として）

1. 申命記七・六「聖なる」民——神様のものとなるために神様によって選ばれた

——申命記五・七～九 他の誰をも／何ものをも礼拝してはならない

——ヨエル二・十八　神様はご自分の地のために妬まれる。

——出エジプト十九・五～六、Ｉペテロ二・九「聖なる…王である祭司」

2. コロサイ三章においてでさえ、パウロが私たちのアイデンティティを思い起こさせている（古い性質において何を殺してしまったのかを思い起こす——キリストにある新しい性質を再確認し再建させる）。

警告：　レビ二十・二十二　——神様がご自分の民に与えられる新しい地——しかしそこに住んでいた民の害悪に歩んではならない（特定主義の神）。

3. ヨシュアのチャレンジ：　ヨシュア二十四・十四～十五——自分の選択をせよ！（混合主義は許されない——この場合、混合主義とは、異なっている、あるいは相対する宗教もしくは哲学の教えなり実践なりを統合しようとすること。例：キリスト教と魔法あるいは自然崇拝。）

4．従順の結果―罪の結果―申命記十一・二十六～二十八 従順↓祝福／不従順（偶像礼拝／背信）↓呪い

偶像礼拝

a）神様以外の誰か、あるいは何かを礼拝すること

b）神様以外の誰かを信頼・信仰・確信の拠り所とすること

c）キリストのからだから自身を締め出す教会

d）創造主ではなく被造物あるいは自分たちの創造物を礼拝すること

時宜にかなわない流血

a）自明のこと…殺人―人身犠牲―大量殺人

b）批判—怒り—嫉妬—苦々しさ—憤り…こういうものを他者に対して心に持ち続ける

不品行と姦淫

a）これが対処されないとき、教会は「権威」を失う

b）権威と権力に対する欲望

c）しもべのスピリットと謙遜の欠如

契約不履行

a）私たちが誰かに対してしたどんな約束でも、それを破ったこと

b）個人、家族、教会の交わり、市／町、そして国家のレベルで現れる破られた約束の必然の結果

1．地についての聖書の記述

1) 地は罪のゆえに呪われる
創世記三・十七〜十八「土地は…のろわれてしまった」
創世記六・十三「地は、彼らのゆえに、暴虐で満ちている…」
イザヤ二十四・五「地は…汚された。彼らが律法を犯し、…契約を破ったからである」
イザヤ二十四・六「…のろいは地を食い尽くし…」

2) 失われた統制の必然の結果
出エジプト二十三・二十九…地の問題は即座にはなくならない!
レビ十八・二十五…汚された地—邪悪に満ちる—住民は吐き出される
レビ十八・二十八…神様の定めを守れ。地が汚されるとあなたがたは取り除かれる。

2. 人間の罪ゆえに被造物が苦しむ

エレミヤ十四・五～七、ホセア四・一～三（獣、鳥類、魚）。

ヨエル十一…家畜も喜びを失う。

ローマ八・二十二…すべての被造物がうめき、産みの苦しみをする。

3. 地は神様のご性質の反映

レビ二十五・二十三「地はわたしのものである…」（神様の所有）

申命記十一・十～十二…神様は地に目を留められる（神様の思いやり）。

申命記二十八・十二…主は祝福したいと願われる（私たちの働き）。

ヨブ十二・七～八…生きている被造物が私たちを教える（獣、鳥、魚、地球…）。

神様の気前良さ、愛、恵み、必要の供給、保護、公正さ、美しさ…すべては地の上に見られる（神様の創造物）。

4. 地に下る神様のさばき

１）飢饉（エゼキエル十四・十七）
２）環境破壊（エゼキエル十四・十七）
３）戦争（エゼキエル十四・十七）
４）病気（エゼキエル十四・十九〜二十）

これらは預言的な言葉であって、「私たちの注意を引く」ためのものである。私たちの道徳的狂気あるいは管理の堕落が満ちるとき、神様は私たちに言われる。「わたしを無視してはならない！」と。

ユダの王アサ（I列王記十五・九〜）

——国から神殿男娼を追放した。
——先祖たちによって造られた偶像を取り除いた。
——自分の祖母マアカを王母の地位から退けた。彼女が忌まわしいアシェラの像を造ったたからである。彼は憎むべきその像を切り倒し、キデロンの谷で焼いた。

——高き所は取り除かれなかったが、アサの心は主にまったくささげられていた。

ヨシヤの改革（Ⅱ列王記二十三章）

（初期の霊的戦いと地のきよめ）

ヨシヤ王が契約の書から民に読み聞かせた後…

——王はすべてのことにおいて主に従うという契約を新しくした——民も皆この契約に加わった。

——ヨシヤは大祭司ヒルキヤその他の者たちに命じて、主の宮からバアルやアシェラや天の万象のために造られた器物をことごとく取り除いた。これらはエルサレムの郊外、キデロンの台地で焼かれた。

——ユダの王たちにより任命されて高き所でバアルや天の万象のために香をたいた異教の祭司たちが取り除かれた。

——主の宮からアシェラ像が運び出されてキデロン川で焼かれ（埋められたのではなく）、

それを粉々にした灰は共同墓地に撒き散らされた。

――主の宮にあった神殿男娼の家が壊された。

――すべての「高き所」が壊され、門にあった社も壊された。

――トフェテが壊され、子どもたちがモレクにささげられなくなった。

――ユダの王たちが太陽に献上した馬が主の宮の入口から取り除かれ、その戦車は焼かれた。

――すべての異教の祭壇が取り除かれ、粉々にされ、キデロン川に投げ捨てられた。

――ソロモンがアシュタロテやケモシュやモレクのために建てた高き所は汚され、壊された。

――異教の石が打ち砕かれ、アシェラ像が切り倒された。

――山の斜面にあった墓から骨が取り除かれ、埋められた（迷信の対象を残すことは許されなかった）。

――すべての霊媒、口寄せ、家の神々、偶像そして忌むべき物が取り除かれ、壊された。

Ⅱ歴代誌七・十四

「わたしの名を呼び求めているわたしの民がみずからへりくだり、祈りをささげ、わたしの顔を慕い求め、その悪い道から立ち返るなら、わたしが親しく天から聞いて、彼らの罪を赦し、彼らの地をいやそう」

ここで使われているヘブル語の「ラファ」は「いやす、いやしを起こさせる」という意味。同じ言葉は、すべてにわたって「完全にする」意味で医者により用いられる。「ラファ」は人間にも地にも同じく使われる。だから、私たちが人との問題に対処し、管理の堕落を処理するなら、地は「いやされ」る。

エゼキエル三十六・八〜　神様からのリニューアル（新しくすること）の約束

a）八節…山々は枝を出し、実を結ぶ。
b）八節…イスラエルはやがて家に帰る。
c）九節…神様の思いやり、顧みはご自分の民の上にとどまる。

d）九節…耕され種がまかれる—収穫の備えと期待。
e）十節…人々が増える（神様の民の拡大）。
f）十節…町々に人が住みつき、廃墟が立て直される。
g）十一節…人と獣の増加、出産—来ようとしている繁栄。
h）十二節…人々の相続（山々と谷とを所有する）。
i）十三～十四節…人々は二度と子を失うことがない。
j）十五節…神様の顧み—他者からの侮辱がなくなる。

十七節…彼らの状態を思い起こさせる促し—汚れた管理

十八～二十一節…その罪の必然の結果
彼らは神様の怒りを引き起こした—その行いのゆえに（「堕落した管理」とも知られる）。

二十四～三十二節…神様の方策
十五回も神様が始めておられる—「わたしは…する」
（きよめ、リニューアル、解放、いやし、必要の供給）

その結果は？

地、地域、村々、そして町々はすべてきよめられ、新しくされ、改革され、建て直される。

「人の不足（デフィシャンスィ）が神様の充足（サフィシャンスィ）によって取り扱われ、その結果、人の贖われたた効率（エフィシャンスィ）が神様の働きのための熟達（プロフィシャンスィ）となった」

その実は？

今日、私たちはこれを伝道＝エヴァンジェリズムと呼ぶ。

エゼキエル三十六・三十七「これもまた、わたしはしよう。イスラエルの家がこれをするようにわたしに願うようにさせよう。彼らの人々を羊の群れのように増やそう」（訳注・英語改定訳聖書からの直訳）

結論

地域のトランスフォーメーションは可能だ！ 人々と神様、人と人との関係が正され、地の上で起こっていた堕落した管理が取り除かれ、清められ、そして新しくされるなら——そうすれば、その地の人々の目は福音に対していっせいに開かれることができる！

従順による祝福

1. 健康な自然環境（レビ二十六・四）
2. 健康な経済（レビ二十六・五）
3. 平和と安全（レビ二十六・六）

4. 侵入者からの保護　（レビ二十六・六）

5. 敵に対する勝利　（レビ二十六・七～八）

6. 光栄と増加　（レビ二十六・九）

7. あふれる祝福　（レビ二十六・一〇）

これらが七つの「明らかにされた」トランスフォーメーション原則である。

レビ二十六・四～十、イザヤ三十・二十三～二十六、詩篇百四十四篇参照

1. 健康な自然環境（レビ二十六・四）

① 水のレベル

② 灌漑

③ 自然資源

④ 旱魃から祝福へ
⑤ 農業を導く「自然の」気候条件
⑥ 季節のバランス（「不可思議な」嵐や自然災害がない）

2. 健康な経済（レビ二十六・五）
① 食料／貿易／商業
② 輸出のより高い可能性
③ より多くの売買（購買力増加）
④ 投資還元の増加
⑤ ビジネスとマネージメントに対する知恵と分別
⑥ 他国からの「無理な要求」をもはや受けない
⑦ 世界経済における地位

3. 平和と安全保障（レビ二十六・六）
① 犯罪／窃盗／強盗／不法侵入の減少
② 道を歩く恐れ、隣近所の恐れが除かれる

③　立入禁止（危険）区域が除かれる
④　隣同士の不和が除かれる
⑤　「不穏な状態」が除かれる（詩篇一四四・十四）
⑥　家族間の反目、結婚の破綻、などの減少

著者のコメント

ここオーストラリアにおいては、どんなグループや地域の人々にとっても、このプロセスを遂行するためには、私たちの国の人種問題を取り上げることが必須であろう。

1．私たちの先住民の人々に対する英国人の罪
a）不正な取引
b）殺人
c）アパルトヘイト（人種隔離政策）
d）差別

2. 異なった人種背景を持つ多くの教会の中にさえもいまだに存在する、先住民オーストラリア人に対する差別的姿勢。その逆もまた、いくつかの教会においては真である。先住民クリスチャンが同じような心の姿勢をこの地の新規移住者に対して抱いている。

「私の兄弟たち。あなたがたは私たちの栄光主イエス・キリストを信じる信仰を持っているのですから、人をえこひいきしてはいけません。…あなたがたは、自分たちの間で差別を設け、悪い考え方で人をさばく者になったのではありませんか」(ヤコブ二・一、四)

「…人をえこひいきするなら、あなたがたは罪を犯しており…」(ヤコブ二・九)

3. 他の人種間にも存在する心の態度。たとえば、アジア系とヨーロッパ系のグループなど。それについては第十三章で少しく述べた。同じような心の態度は中近東などの人種背景を持つ人々にもあり、これもまた取り上げられる必要がある。

4．アイルランド系対英国系の争いは私たちの政治の舞台に広がり、狭い考え方と「反抗」精神として現れている。

悲しいことに、多くのオーストラリア人はいまだにこのクモの巣に捕らえられている。それは選挙の都度、投票の仕方に現れている。関連する問題や事柄を熟慮する代わりに、私たちは、親たちのように同じ党に投票したり、私たちの人種や宗教の背景によって投票したりしている。

* * *

これらは、私たちが神様に向かって「私たちの地のいやし」を求めるにあたり、私たちの個人的な生活において取り組まなければならない問題のうちのほんのわずかな部分である。

特にそれぞれの教会は、これらの鍵となる事柄を広い意味で思いめぐらし、すべての側面が祈りと悔い改めと赦しによって覆われるようにするべきだ。

可能ならば、私たちの悪い心の態度によって被害を受けまた傷つけられた人々と和解する段階を踏むべきである。

《付記B》

南アフリカにおける義認

ローレン・ロク女史は、赦しという分野全体において主がどのように彼女を整えてくださったかについて、何よりもまず個人的なコメントを寄せてくれている。

何年も前、一九九四年以前に主が私に言われました（主が、誤解と辛辣さと侮辱との矢を射てきた兄弟姉妹たちと共に赦しに歩む、という現実について私に指示しておられた時です）。争いが起こった相手が誰であっても、その人に対して赦しに歩むこと（つまり、報復や激しい憎しみがないこと）は十分ではないと言われたのです。主が何を意味されたのか尋ねると、主は、私が赦すだけでなく「義と認める」ことを願われると言われました。

私は答えました。「あたかもその侮辱が一度も起こらなかったかのように、という意味ですか？」 主は私に言われました。「そう、それこそ、わたしがあなたと共にいる道だよ。あなたが本当に悔い改めるとき、わたしは赦すだけでなく、その罪を完全に拭い去るので、わたし自身のすべてとわたしが持つすべてがもう一度、あなたに対して完全に提供されるようになるのだ…試用期間もなく…降格もない…彼においてすべての約束が然りとなりアーメンとなったわたしの愛する子にあって、完全に回復されるのだよ」

言うまでもありませんが、そうして主のみこころに従順な歩みが始まりました——多くの涙とともに。

それでも、私は、すべてをはるかに超える主のあわれみと——いくらでも、いつでも汲むことができる主の恵み、とをとおして…ピリピ二・三～九の中心にある力を理解するようになりました。

二〇〇三年十一月十九日～二十五日、
カナダ・オンタリオ州ハミルトンのデニス・ウィードリック師と
南アフリカ・ジェフリーズ・ベイの主教グレイドン師をゲストに迎えて
ダーバン、ヨハネスバーグ及びケープタウンにて持たれた
「父たちの心に至る集まり」への結果報告

ローレン・ロク

私たちは、「父たちの心に至る集まり」集会をとおして、主がもう一度、私たちの国のために主の御前に立つ所へと私たちを引き寄せてくださったことで、主をほめたたえ、感謝いたします。参加してくださった方々、そしてあのように見事なチームワークと愛をもって私たちが集まれるように準備してくださった、それぞれの都市の委員会の方々に真心から感謝いたします。

集会の初めから明白になったことは、マラキ四・五〜六に従って主が、御父の真のお姿と子としての私たちの応答との理解に建て上げることを願われたということでした。私たちが目にしたのは、同じみことばがそれぞれの都市に語られたことではなく、都市から都市へ主がご自身のみことばを付け加えていかれ、主が告げようとしておられたことのためにそれぞれの会場でご自分の民を明らかに整えておられたことです。集会がダーバンにおいて始まり、地元の委員会により選ばれた会場がユダヤ人クラブだったことは意義深いものでした。私たちは、心の向きを父たちに変えていくことの重要性について主が私たちに与えてくださったことが再確認されたことで謙虚な思いにさせられました。私たちがアブラハムの神、イサクの神、ヤコブの神に属していることをこの会場をとおして示されたのです。

すべての集会を導いたみことばは、詩篇二四篇、マタイ六・十四、十五、そしてマタイ十八・二十一～三十五でした。

主はご自身に属するすべてのものを明らかにしてくださいました。しかし神の民が心から赦すことをせず、父や母がその息子や娘たちを、また息子や娘たちがその父や母を、実際にもそして霊的にも赦そうとしないなら、この国や大陸が抱えている霊的孤児に解放はありません。またそれと同時に、この国や他の多くのアフリカ大陸の国々が抱えているエイズや疫病や戦争による実際の孤児の人数は、考えもつかないような増加を見せていることにも、その証拠が現れています。主は、私たちがこの世に安住し、イエスのいのちに値する罪と隣り合わせで生きるよりも、御子キリスト・イエスが十字架で流した血潮の力によって、神に似た姿に変えられていくことが必要だと明らかにしておられます。（このメッセージをした翌日、十一月二十二日土曜日のスター紙の見出しに『顔を交換する』という見出しがあり、主が確信を与えてくださいました）。主はまた、霊的な父たちの偉大なる解放が定まっており、この霊的な父たちを敬い共に歩くことを心に決めている霊的な息子たちの召命があることについても語ってくださいました。

主は、この父たちの心とは対照的な霊が、支配と惑わしをもたらし、すべてのものをその目的のために従わせるということも明らかにしてくださいました。この霊が、パロの霊と言われるものです。この「パロのリーダーシップ」は、息子というより奴隷を生み出し、その「召命」にむちをもって従わせ、息子たちの活力を失わせ、主に従って御国に入らせないようにします。この霊は、神の民の心の中に霊的な眠りを引き起こし、知識人たちの心を打ち、その目的と運命のために理知的な反応を引き起こし、「団結した心を持った巨人」であるキリストの体を眠らせたままにするのです。私たちは、そのはざまに立ち、この霊によってそのかされたリーダーたちのために、あわれみを求めて叫びました。そして私たちの心を次の世代に向け、この世代を奴隷としてきた霊による束縛からの悔い改めを求めました。私たちは霊的な父と母に立ち上がるように呼びかけました。それにより、この次の世代が安全に守られ、今までに体験したことのないようなすばらしい油注ぎと力を持って生き、神の力と神の方法によって神の国を建て上げていくことができるようになるためです。

主はまた、神の神聖な権威がこのような世で現されるためには、召命と油注ぎだけでは不十分だという時が来たと示されました。主は、神の統治と支配とは、父なる神が主イエスに下さった主の杯を、私たちが飲むことであると教えてくださいました。マタイ二十・二十二には

「あなたがたは自分が何を求めているのか、わかっていないのです。わたしが飲もうとしている杯を飲むことができますか」とあります。パウロはピリピ三・十で「私は、キリストとその復活の力を知り、またキリストの苦しみにあずかることも知って、キリストの死と同じ状態になり」と宣言しています。多くの人々が、主が下さる苦難の杯を受け取ることだけが神の支配と統治への唯一の道だと信じて杯を受け取りますが、その苦さのあまり顔をそむけ、無遠慮にも召命から離れて歩き去り、自分の能力と力で歩むことを選びます。主は、ヤコブのように自分の肉的な本質と十字架の力で闘い、自らを低くして主の御顔を求め、霊とまことのうちに神の似姿に変えられていく人々の世代に、立ち上がれと呼んでおられるのです。

主はまた、私たちが霊的孤児として神様を非難し、天の父がされることに対して、それは「虐待だ」と不平を言うなら、敵は、私たちをいやし回復される唯一の方である天の父と孤児たちの間を引き裂く権利を持つことになります。天の父のされることに対して「不公平だ」「聞いてくれない」「～してくれない」「関係ないと思っているんだ」「あなたの愛も私には届かない」「私の祈りに答えてくれない」「アパルトヘイトの時代には、私たちを見捨てた」などという非難はすべて、法的に正当な敵の力によって、孤児たちを愛の神から引き離すことになるのです。それは、孤児たちがその非難を取り下げ、父がもう一度霊的な子どもとして引き上げてくださるように許されるまで続くのです。私たちは、父に対するすべての非難を取り下げなければなりません。個人的に神を責めたこと、また、国家規模で非難したことも同じです。それは、神の民を孤児の霊に縛り付けている敵の鎖を断ち切るために、必要なことなのです。

ケープタウンで行われたある集会の最中、主は、この国のためにある象徴的な「鍵」を見せてくださいました。私たちの国は、私たちが主の御前で祈り、社会的な解放の時期を求める必要があると信じています。どうぞ、神のみこころが神の時になるように、私たちと共に恵みを求めてお祈りください。

もう一度、心からの謙そんをもって主をたたえ、申し上げます。「…これは主のなさったことだ。私たちの目には、不思議なことである」（マタイ二十一・四十二）

集会の始まる二週間前に主が下さったことばをもって、この報告を終わりたいと思います。主は、ローレンに語られ、一つの質問をされました。「ローレン、今何時ですか」。二日後、主は次のみことばをローマ人への手紙十一章五、六節から語られました。「それと同じように、今も、恵みの選びによって残された者がいます。もし恵みによるのであれば、もはや行ないによるのではありません。もしそうでなかったら、恵みが恵みでなくなります」

親愛なる皆さん。新しい年を迎え、私たちが本当に忙しくしていることは、人の働きではないということをはっきり知る必要があります。なぜなら、今こそ「恵みの選びによって残された者」が立ち上がる時だからです。そうでなければ、主が神の教会に今与えてくださったこのみことばによると、私たちが心を注ぎ、時間をささげていることのすべてが、意味のないものになってしまいます。立ち上がる世代があるのです。「これこそ、神を求める者の一族、あなたの御顔を慕い求める人々、ヤコブである」（詩篇二十四・六）

報告を終わります。

これからは、まだ文書として発行されていませんが、南アフリカにいる以前は恵まれない人々といわれていた人々の霊的なリーダーたちに語った、みことばの証しを紹介したいと思います。

午後のセッションの中で、主は私に、赦しに続く義認について語るように示されました。

アパルトヘイト政策の中で私が奉仕した年数は、四十年でした。この四十という数字は、聖書的にも象徴的な数字です。ノアにも表されているように、裁きと新しい始まり、モーセでは守りと自分の力に頼ることをあきらめること、イスラエルでは備えの期間、神の品性を知るレッスン、そして新しい世代の新しい霊。イエスにおいては、誘惑と父である神の敵との対立。これは、神に対する完全な信頼と、はっきりとした使命の認識、また父なる神の疑う余地のない愛と神性に対する確信のうちに行われました。モーセとイスラエルには、不公平ともいえるルールで、神はご自身の民をご自身の目的のために確保されました。神の国と神の本質と主権の現れは、すべて神の時と神の力によります。時には、私たちが「義」とは思えない方法であっても、それにかかわらず、神の計り知れない完全な支配と主権の内に現れることもあるのです。

私は、主がご自身のために、人種差別を超えて神の完全な力を現すことのできる南アフリカの人々を選ばれ確保されたかもしれないと話しました。この神の完全な力は世界中に愛と赦しと、暗闇の真ん中で神を信じ神聖なる安らぎを得る信仰をとおして、世界中に広がっています。

また私は、地の管理者だけが、終わりの日の神の目的のための鍵を持つことができると話しました。土地のちりでできた人は、その権利を主張することもできます。あるいは不公平だと思われることの中に神の目的を認め、そこから生じた信頼と賛美の中、どのような状況でも何も神の目的を妨げるものはないのだと、それを受け入れることを選ぶこともできるのです。
この神の目的というのが、「国々の魂」のための偉大な戦いにおいて暗闇を圧倒する神の力の統治と神の勝利との現われる土地の管理者を守ることなのではないでしょうか。

力と権威の相続があります。この力と権威は、主が解放したいと願い、民をその使命の道へと導く力と権威です。この使命は、過ちを犯し、「土地のちりで造られた人」、主が終わりの日の運命を担い、権威を持つように任命した人々が、他の権威に頼っている間は、現されません。主は、何度も、カナンにいるイスラエルの民に災いをもたらされました。それは、彼らがエジプトやアッシリアや他の助けを困難のときに求めたからです。主イエス・キリストの花嫁である私たちが、他の人を頼るというのは、私たちの魂を、そして私たち国民全体としての魂をも、神が「病を送ってやせ衰えさせ」るということです。
「…主であるわたしが、その多くの偶像に応じて答えよう」（エゼキエル十四・四）
「万軍の主はこう仰せられる。「わたしは、シオンをねたむほど激しく愛し、ひどい憤りでこ

れをねたむ」(ゼカリヤ八・二)

私は、主の心の叫びを表現しました。「義の世代が立ち上がり、自分の義を立てたり弁明したりする前に、主のみこころを、神の国を求めることはないのですか!」

土のちりで造られた人、罪を犯した人として、主の御前で霊をもってこう告白する人々はいないのですか。「私たち自身過ちを犯した者として、私たちはアパルトヘイト政策のその不公平さを赦すだけでなく、正義は主の御手の中にあり、そのすべてが神の時に神の目的のために起こったのだということを宣言します」

「あなたがたは、私に悪を計りましたが、神はそれを、良いことのための計らいとなさいました。それはきょうのようにして、多くの人々を生かしておくためでした」(創世記五十・二十)

デニス・ウィドリックは、父の心を持って人々の前に立ち、不義を測るはかりは、たとえ正義が測られなくても、バランスを取ることができるかどうかと問いました。人々はみな、それはないと答えました。

それから彼は、天の父が負ってくださっている罪の負債があるのなら、私たちがその負債を負うことができるのか尋ねました。

私たちは皆、できないと答えました。そこで彼は言いました。もし私たちが、負債のなさのはかりが、支払われた負債によってのみバランスが取れるのなら、その負債はすでに払われたのだろうか。

私たちは皆、その負債はすでに支払われ、もうそれを私たちが支払うことはできないと答えました。

彼は続けて、どのようにしてそのはかりがバランスを取っているのかを尋ねました。

私たちは皆答えました。「イエス様の血潮によってです」

彼はそのとおりだとうなずきました。

それから彼は、もし天の父に家族で負債があることはないか尋ねると、皆、あると答えました。彼は、その負債がすでに支払われたか尋ね、私たちは、すでに支払われたと答えました。

「どのようにしてですか」

「イエス様の血潮によってです！」

続けて彼は、もし私たちの街に負債はあるかどうか尋ねました。私たちはあると答えました。

「それはすでに支払われましたか」

「はい！」

「どうやって」

「イエス様の血潮によって！」

それから彼は、アパルトヘイトの罪による負債があるかどうか尋ねました。私たちは皆、あると答えました。そして続けて聞きました。

「その負債は支払われましたか」

私たちは、支払われたと答えました。

「どうやってですか？」彼が尋ねました。

「イエス様の血潮によってです！」私たちは答えました。


そして、私は前に出て、圧倒的に黒人が多いリーダーたち（私たちは黒人教会に招かれていたのです）に、天国が待ち望んでいる応答を彼らがするかどうか尋ねました。

黒人の指導者たち（その夫人も含めて十二人くらいいました）は、一カ所に集まりしばらく何か話し合っていました。そしてこの集会を開催した牧師が前に出ました。

彼は、主がこのメッセージを南アフリカの白人の女性を通して伝えられたことを驚いていると言いました。しかし、彼らは私の心を知り、私の語っていることが真実だとわかると言いました。

それから彼らは、彼らの母国語であるゾーサ語で祈り賛美したいと言いました。しかしそうする前にケープタウンの南アフリカの国会で、一つの決議をしたと言いました。彼らは、アパルトヘイトの罪を赦すことを選択しただけでなく、それを正しいことと認め、イエスの血潮がそれを十分に支払ったことを宣言しました。人から何か報いを受けようと求めることをやめ、神から、土のちりによって造られた人として神の国を受け継ぐ目的をいただき、この国民が神の終わりのときの前に選ばれた使命へと、神の栄光のために立ち上がることを選びました。

それから彼らは、ゾーサ語で祈り賛美し始めました。その間、デニスはあるビジョンを見ました。

主が見せてくださったのは、これらのリーダーたちの足元に置かれている棺でした。彼は、リーダーたちがその棺を取り上げ肩にかつぎ、そこから立ち去って墓場までその棺を持っていくのを見ました。空の墓にその棺を置こうとしたとき、デニスは主にその棺の中には誰が入っているのか尋ねました。主はデニスに中を見てみるように言われました。

デニスはこう言いました。「私が中を見てみるとアパルトヘイトのために砕け散ったたくさんの夢が入っていた。アパルトヘイトのために散ったたくさんの命が入っていた。アパルトヘイトによって破壊された運命が入っていた。散り散りになった家族、砕かれた望みが入っていた」。彼は、それから彼らが空の墓にその棺を納め、そこを立ち去るのを見ました。彼らが立ち去るとき、デニスは主の声がこうおっしゃるのを聞きました。

「アパルトヘイトの負債は支払われた。…もう、完了した！」

デニスがこう言うと、教会の後ろにいた白人の男性が近づいてきて、黒人のリーダーたちが前に出たとき主が彼に、彼がゾーサ語で知っている賛美を歌うようにおっしゃった、と言いました。彼は、その賛美は葬儀のときの追悼の歌で主が彼にそれを大きな声で歌うようにおっしゃったと言いました。彼は葬儀に出ているわけではないし、黒人の兄弟たちの感情を害したくないと答えました。しかし主はもう一度歌うように彼に言ったといいます。彼はついに歌ったそうです。しかしささやくような小さな声ででした。彼らが自分たちの母国語で歌ったり祈ったり、またデニスがビジョンを見ている、その間ずっとささやくように歌っていたそうです。

私たちは涙を流し、互いに抱き締め合いいました。突然デニスが私に話しかけて言いました。

「ローレン！　今、何時ですか」

彼は、神様の質問を繰り返していたのです。私はわかりませんでした。彼は壁にかかっている時計を指差しました。午後五時でした。五とは、恵みを表す数字です。

この集会を準備し始めたとき、主が私にされた質問が「ローレン。今、何時ですか」でした。そして主は、ローマ書十一章五、六節からお答えになってくださったのです。

「それと同じように、今も、恵みの選びによって（選ばれた）残された者（信じる少数の群れ）がいます。もし恵みによるのであれば、もはや行ないによるのではありません。もしそうでなかったら、恵みが恵みでなくなります。（意味がなくなります）」

主はすばらしいことをしてくださいました！

二〇〇四年九月二十四日、二十五日、主はもう一つの集会を行うように導かれました。今回はそれが、開かれたドアの前での集いだということ、そしてこのドアは悔い改めへのドアだということを示されました。どうぞ、私たちのためにお祈りください。

神様の祝福が皆様にありますように。主が、その偉大な御名のため、主の血潮が花嫁にもたらした、運命の回復のため、主のみこころのとおり力強くなり主を畏れる今の時代に、主の臨在を現してくださいますように。

《付記C》

ラトゥ・ジョセファ・イロイロヴァトゥ・ウルイヴンダ大統領によるフィジー・ウィーク開会の言葉

二〇〇四年十月四日（月）午前十時
アルバータ公園、スヴァ市

首相閣下
裁判長閣下
下院議長閣下
理事会長閣下
外交団の皆様
国会議員の各閣下
著名なゲストの皆様

フィジー諸島共和国の市民の皆様

ニサ・ブラ・ビナカ　こんにちは。ありがとうございます。

心からご挨拶します。今朝、この特別な場に立ち、二〇〇四年、和解と赦しのフィジー・ウィークを開催できることをうれしく思います。このプログラムは、本当の和解と赦しの過程をもたらすと信じています。私たちは、多くの違いや衝突を、力ではなく祈りによって、赦しの行動と対話によって、そして、まことの霊的な兄弟関係を通して解決し新しくするように求められてきました。それにより私たちの夢が現実化し、満たされるためです。今、私は、まことの信頼、異なった人種、異なった肌の色、異なった教義、しかし一つの民、国民としてのまことの霊をもって、互いに手を取る人々を必要としています。「私たちは一人ではありません。私たちはたくさんいるのです。私たちは一つの国民、共に一つの国民なのです」

私たちは、異なった習慣や文化と言語、独自性を表しながら、多様性の中で一致する、異なった人種の共同体です。今日私たちが見ているカラフルなタペストリーは、連帯感や一致、私たち国民を一つにまとめる社会的結束性を表しています。

今日、一人ひとりがここに集まることによって、また、様々な場所で行われるセレブレーションに今週参加することで、私たちは一人ではないことを表しましょう。

私たちはみな、他の人とつながっています。そしてそれは、私たちがフィジー諸島共和国で築き上げることのでき、私たちが愛し、とても大切に思う他の人との暖かい関係によるのです。私たちは本当に一人ではないのです。私たちは、大勢なのです。

私たちが今日ここに集まっているのと同じように、ここに集まっていないほかの人々もこのウィークが国全体で始まることを祝っています。愛された指導者の時代が終わったことを嘆くのであろうと、今日私たちが行っているように、今週ずっと、祝宴を持とうとも、私たちの富はこの豊かな共同体の中にあり、私たちの力は回復力と豊かな多様性を一致させる力にあることを思い起こします。

今、私は、二〇〇〇年五月と十一月の動乱の危機の期間に不当に権利を侵害され、損害を被り、身体的な苦痛も被り、不当に牢屋に入れられた人々に呼び起かけます。あなたに危害を加えた人たちと和解するように、と。

何人かの人にとっては、これは不可能とも言えることでしょう。しかし、私は、あなたのとても個人的な赦し、忘れるという決断が、この国の将来の安定と繁栄をもたらすのだと、言わなければなりません。今の段階では、それよりも簡単にできることはないのです。

また、天然資源を持っている人々が必要です。どうか、その資源を最善に、私たちみんなのためになる方法で用いることができる人と、和解をしてください。

私はまた、リーダーたちが、導くために、模範となるために必要です。皆さんは、国民のリーダーです。和解と国民の建て上げは、最重要課題でなければなりません。

また、女性が本当の霊的なパートナーである男の人と共に立つ必要があります、と大きな声で叫びます。この国を発展させて行くために必要です。

私は、普通の、不当な立場にいる人々を必要としています。誰にも恨みを持つことなく、赦しをもってすべての人を心に留めるために必要なのです。

また、若者と子どもたちが、他の人々と共に前に進むために必要です。彼らが、この国を自分の遺産であり、母国だと言うことができるように。

また、良い統治のために、すべての人にとって責任を負い透明性を持つために、法律が今こそ必要です。

この祝宴の下にあるテーマは祈りと赦しによる和解です。

祈りと赦しは、私たちの国民のために必要な温情的な関係の鍵です。

私は今、すべての市民が全能の神に、私たちが愛してやまないこの国民のために祈ることを強く促します。お互いのために祈り、平和といやしと善を行う道具となりましょう。赦しといやしがこの土地に自由に流れるように祈りましょう。そして、私たち一人ひとりが、他の人の愛、親切を体験することができ、また私たちの愛と親切も他の人に自由に与えることができるように祈りましょう。

他の人と暖かい関係を築き、この週を「共に一つの国民」とする週として、心から喜んで迎えましょう！

《付記D》

フィジー・ウィーク開会セレモニーでの開会の言葉

ライセニアン・ガラセー閣下。首相および、フィジー国事大臣
文化伝統および全国和解と一致省大臣、ＡＬＴＡ、シュガー・インダストリー・リフォーム
二〇〇四年十月四日　午前九時五十五分
アルバート公園、スヴァ市

大統領閣下
国会議員各閣下
フィジー外交団の皆様

私たちの国と国民のすべてに名誉を与えるためのこの特別な祝宴に、ようこそいらっしゃい

ました！

この十月の八日間、私たちは一つになり、私たちがこのすばらしいフィジー諸島の市民であることをどれほど喜んでいるかを表現したいと思います。心から、今私たちの大統領と、そして皆さんと共にここにいることを嬉しく思います。

子どもたちを見ることは何と喜ばしいことでしょう！　皆さんを見るとき、私たちの母国が皆さんに対して面倒を見る義務を負っていること、皆さんを愛する義務を負っていること、そして、皆さんに幸せで成功した人生を送る機会を与える義務を持っていることを、思い起こさせてくれます。

この国の多くのところで、人々が国旗の下に集まり、フィジーに対する忠誠と愛を表しています。どのような人種、宗教に属していても、私たちはこのように高貴なブルーの国旗の下に集まるとき、連帯感を感じることができます。今から、十月十一日のフィジー・デー（独立記念日）まで、多くの催しが開催されます。歌やダンス、文化的エンターテイメント、ゲームや展示会などです。多くの人たちがこの催しを楽しみにしています。

最も大切なことは、私たちは祈りによって、信仰の違いを超えて一つになり、神にフィジーを祝福してくださるように祈り求めることです。私たちは、友情、調和、平和、そして赦しのために誓うのです。

私たちは自分自身を見て、フィジーをより良い場所にするために何ができるか考えてみましょう。私たちは助け合っているでしょうか。それとも傷つけ合っているでしょうか。痛みや苦しみを引き起こしたでしょうか。今こそ、私たちが過去にしたすべての過ちに対して赦しを求める良いチャンスです。

私たちは、今、マタニガソーというフィジーの感動的な儀式を見ました。これは、伝統的な方法で謝罪をささげる儀式です。今朝、一九八七年から二〇〇〇年の間に起こったことに悲しみと遺憾の念を表すため、この儀式が行われました。私たちはこの儀式の中で表現されたことが受け取られ、苦難を受けた人々の心が開かれて謝罪が受け入れられるように祈ります。

フィジーの兄弟姉妹の皆さん。私たちは太平洋の孤立した小さな島です。しかし、国が一つになることを求めているのは、私たちだけではありません。最近、ニューヨークの国連で、百九十一カ国の代表者たちとこのフィジー・ウィークについて話しました。このすばらしい集会について話し終わったとき、多くの人たちが私のところに来て、握手をし、フィジーは世界のほかの国々に、どのように問題が解決され、国を一つとするのかを見せてくれたと言いました。

後に私はアメリカ西海岸のフィジー人コミュニティーの代表の人たちと会いました。私たちは、フィジーの名前のもと、集まったのです。そこは、フィジーから地理的には大変遠く離れていますが、フィジーは、まだ彼らの一部なのです。彼らは、私たちを決して忘れることはありません。祈りに覚えてくださいと彼らにお願いしました。今日も彼らは霊的に私たちと共にいると信じています。

もう一度、皆さんを歓迎し、ここにいらしたことに感謝の意を表したいと思います。フィジーのために、いつまでも共に歩み進んでいきましょう。

私たちの愛するこの国に、神様の祝福が豊かにありますように。

《付記E》フィジー・キリスト教会連合（ＡＣＣＦ）設立と二〇〇一年行事の分析

設立

ＡＣＣＦにはフィジー人の間の不一致に対する、最高評議会の並々ならぬ関心が注がれています。二〇〇〇年四月、ＢＬＶは、この不一致の原因を追究するための委員会を任命しました。委員会により、各地で八十以上の会議が招集されました。それによると、分裂の大きな原因の一つは、教会にあるというのです。人と神、そして人と人を一致させ、和解させるという、教会本来の役割を持つという意味で、教会は実に、この国の不一致の大きな原因となっていると理解されました。この発見に、教会は完全に同意しました。村々や家族、ヴァヌア（地と人々を指す）の分裂の原因がそこにあり、それは、教派の違いによる教会の教義や賛美の方法の違いとして表れていると認めたのです。

大統領の嘆願

ラトゥ・ジョセファ・イロイロヴァトゥ・ウルイヴンダ大統領は、最高評議会の委員であり、この国の最も大きな州の指導者です。この大統領が、一致のための嘆願を教会に向けて自らしたのです。フィジーとロトゥマのメソジスト教会の副代表であったラトゥ氏は、教会の一致とＡＣＣＦに大きな影響をもたらしました。

彼は、教会がまず最初に一致するよう強く求めました。そしてヴァヌアが先導し、政府がそれに続くように求めました。彼の、教会と伝統的な規約に対して強く願いを表明したこの要求は、大変賞賛されるべきものでした。彼の命令の大切な役割を担うアッセンブリー・オブ・ゴッド教会の牧師たちとメソジスト教会事務局は、二〇〇一年五月三十日、スヴァ市で十四の教会のリーダーたちが集うミーティングを開催しました。聖霊の促しと神の使命に従順に従うことにより、ヴァヌアは、ＡＣＣＦをとおして、キリストのからだとして一つになることができました。その集会はさらに広がり、地域を広げ、メンバーも多く与えられ、二十の教団とクリスチャン組織がこれに加わるようになりました。

ビジョン

評議会は、神がＡＣＣＦに下さったのは「神の宝となるフィジー」（出エジプト十九・五）というビジョンだと、祈りと確信をもって決定しました。このビジョンは、最も重要な責任である、フィジーのすべての人の心を神に向けるという責任に、集会が集中し続けることができるように決められました。フィジーが神の宝となるには、国民が神に服従し、イエス・キリストを主、主人、彼らの救い主として受け入れなければなりません。

イスラエルの子どもたちは、シナイの荒野にたどり着き、山のふもとで宿営しました。神がシナイ山からモーセに語って言われました（出エジプト十九・三〜六）。

「モーセは神のみもとに上って行った。主は山から彼を呼んで仰せられた。『あなたは、このように、ヤコブの家に言い、イスラエルの人々に告げよ。あなたがたは、わたしがエジプトにしたこと、また、あなたがたをわしの翼に載せ、わたしのもとに連れて来たことを見た。今、もしあなたがたが、まことにわたしの声に聞き従い、わたしの契約を守るなら、あなたがたはすべての国々の民の中にあって、わたしの宝となる。全世界はわたしのものであるから。あなたがたはわたしにとって祭司の王国、聖なる国民となる。これが、イスラエル人にあなたの語るべきことばである」

これが、神がイスラエルに約三千年前におっしゃったことです。そして私たちは神が同じメッセージを再び今日のフィジーにあるキリストのからだに語ってくださるのを聞く特権にあずかっています。すべての新生したクリスチャンは、このビジョンをつかみ、それに伴う働きに積極的にかかわっていく必要があるのです。

服従と従順

この契約がされた背景を知ることが重要です。「今、もしあなたがたが、まことにわたしの声に聞き従い、わたしの契約を守るなら、あなたがたはすべての国々の民の中にあって、わたしの宝となる。全世界はわたしのものであるから」（出エジプト十九・五）。フィジーは、人々が完全に神に従い神の契約を守る準備ができて初めて、神の宝となるのです。これがＡＣＣＦのビジョンです。

魂を救う働き

ですから、この集会のビジョンは大変はっきりしていて、その働きをするのに向いています。ＡＣＣＦの主な責任は、すべての魂をキリストのために救うという霊的な責任、つまり御国に導き入れることです。

ミッション

ミッション一　すべてのクリスチャンが一致する（ヨハネ十・十六）

フィジーのキリストのからだの不統一は、クリスチャンの間では知られた現実で、未信者にとっても嘆かわしい事実です。教団主義をくじくのがＡＣＣＦの意図ではありません。しかし、すべての犠牲を払って、クリスチャンはクリスチャンの一致を励まし、促進する神の使命を担っています。このような霊による一致、信仰の一致（エペソ四・十三）という神のみこころが、ＡＣＣＦの役割と使命の基礎となっています。クリスチャンの一致は、教会がヴァヌアそして全世界の塩、光としてミッションを成し遂げていくための力強さとなります。

ミッション二　神の愛の生き方を生きる

和解とこの国の人々の一致は、かなり昔から、最も重要な優先事項でした。多民族・多文化社会の歴史においては、初期のフィジー人は、最も困難なときに一致して生き残りたいといつも願っていたという事実を否定することができません。これはかつて前ララ・スクナ卿によっても指摘されたことです。キリスト教が伝わる前のフィジーの時代について言及し、彼は、フィジー人が一つになり共存することの不思議について強調しました。

「組織が大変厳しく、個人の自由や平等さが大変限られている社会では、もう何世紀にもわたって共に持ってきた個人のつながりという概念は何か、交戦中の民族や党派の中で生き残り、命を得ることはどういうことなのかが求められます。それは確かな信念でした。文化的な人々が理解するのは難しい、深さのある信念です。共通の家系、共通の信仰、共通の興味、この三つを信じる信仰です。そしてそれを生かし、持続させる特質は、一つは抜け目のなさと機転、忍耐強さであり、もう一方は忠誠、従順、敬意です」

フィジーの家族としての統合力は、その根底にある血のつながりの認識によって強くなりました。十九世紀後半から二十世紀にかけて、人々は、目に見えない東洋に起源を持つ女神に仕えることで一つとなっていました。彼らはこの女神が彼らをこの地へと導き入れたと信じていました。

この地に来た初期の白人移民が、彼らの高度に組織された地域社会を見て、大祭司の血族や傾斜地や指導者のあるイスラエル民族と社会にたとえ、非常に驚いたのも不思議ではありません。

先に述べた三つの共通の特質は、フィジーの人々を一つの民族として何千年にもわたって存在させてきました。特に共通の家系という意識が、彼らを一致させてきたのです。たとえば、トゥーブー（tauvu）の伝統的な関係は、「同じ自治体の家族から、同じ父、言い換えれば同じ神を持つ」という意味の関係を証するものです。もっともこの関係は今日ではその本来の意味を失い、しばしば誤解され、それがわかると虐待を受けたりしています。

自分勝手さとその結果であるフィジー人の分裂は、目に見えない神ではなく、彼らの死んだ祖先の霊に仕えようとしたときに起こりました。彼らの社会の中で理想的な指導者を探そうとするとき、彼らの問題も、かつては強い家族間の絆と血族関係がだんだんと薄れるに伴い、彼らの様々な「ヤブタス」の問題とともに悪化していきました。

クリスチャンの前の時代に民族間の戦いを悪化させた分裂の根は、おそらく現在の難局と分裂の元となる原因でもあります。

これらのことを考慮すると、この国の市民が二つの重要な問題に対して共に一致を求めて行く必要が緊急にあります。

a）彼らが祖先からの不一致の根本的な原因に気づくこと。それは、彼らをこの土地に導き入れた目に見えない神、ヤーウェから背を向けたことである。

b）国民が、すべての民の主でありこの地球の創造主であるヤーウェの神の前で今までの自分勝手さを告白し、罪を悔い改めることが、一致のために必要であると気づくこと。

これらの証拠から、不一致は、フィジーで特に新しい現象ではないことがわかります。ただ新しい形をもって現われ、その境界線を広げ、多くの側面を持つ私たちの社会に入り込んできたということです。政治的、経済的、また宗教的な側面も絡み合い、それは今ではさらに複雑なものになっています。

ですから私たちにとって今、本当の問題なのは、見せかけの特権とその約束された報いにあおられた不一致です。また、ある種の外国からの要素の影響も、この問題を複雑化する原因となっています。国財の分配の不均衡もその良い例です。その一撃も、道理に合わないように見える一部による不満の表れだと理解されています。

神はすべてを支配しておられますから、私たちにとって大変危機だと思われることも、神の御顔を求め、悔い改めのための一つのきっかけかもしれません。この国を破滅させようと敵がたくらんでいることは、神のあわれみの中で、神の民が一致する機会へと変えられるのです。

ミッション三　神を畏れるリーダーシップの確立

「トゥラガ」とは、伝統的なフィジーの背景から見ると、組織の長（チーフ）という意味です。この意味は、声高く宣伝され、「平等」と私たちの現代社会の反階級制度に対して主張された複数の側面からの見解に反するものです。にもかかわらず、それは確実な基盤であり、神から任命された組織の起源なのです。首長という地位が一人のものである必要性を主張する人もいます。しかしその一方、この長という存在が、決定や判断において、モンスターのような存在になると考える人もいます。私たちの指導者たちは尊敬される人物でなければならず、また近代の背景の中で指導者として是認されるためには、神を畏れなければなりません。彼らは通常、知恵と、問題や人々が安心して安全と食物の維持と存続する土地を信じることのできる神聖な判断力を与えられています。

ＡＣＣＦは、メソジスト教会、特にダヴイレヴ神学大学でフィジーの政治家たちが、二〇〇一年の選挙の前に蔓延している分裂の解決を求めて集まったときから始まったこの働きを続けていきたいと願っています。彼らはダヴイレヴに、フィジーの必要とする一致の種類について、様々な見解とアイデアをもって集まりました。それは、私たち国民の多くの見解であり、一致を求める話し合いの最後の手段でもありました。選挙の結果が、これを物語っていると思います。ＡＣＣＦは、指導者としての立場を願うのなら、必要条件として神を畏れることを強調したいと願っています。

二〇〇〇年五月のイベントで、私たちの危機の根本の原因を考えるようにＡＣＣＦが発足されました。深い祈りのうちにその原因を考え、リーダーシップのあるところに、もっと伝統的なトゥラガ的な文化があふれ、もっと改善を必要とすることが指摘されました。次に、リーダーシップが国の優先事項として最前線に出てきたときに、私たち国民が立ち上がるという信仰です。

指導者の肩書きには相互関係があることが強調されなければなりません。ヴァヌアのために、名前だけでなく、国民全般のために求められている働きに対して彼らがどう対処するかに強調点が置かれています。そうでなければ、フィジー語の「トゥラガ・ヴァカセニトア」が彼らの上に起こるでしょう。それは、ハイビスカスの花のようにカラフルではあるけれど甘い香りがない、まるでこの花（トゥラガ）がもたらすと期待されている肩書きの責任を果たすという実質がないことを暗示します。

ミッション四　平和と繁栄のためのフィジーの和解

一致は、和解と愛の雰囲気の中で行われるのが一番であるというのが、一般的な認識です。それは共通の絆と目的と運命の雰囲気です。教会は、神が個人と国の罪を赦し、神にあって一つとなる保証を与え、神の御子イエス・キリストと共に、神に属するすべてのものを相続する相続人となることを保証する、そのような道となることを約束します。

ですから、この信頼は置き忘れられてはいません。ＡＣＣＦは、教会に、ビジョンと使命のもと一つになるように呼びかけるという大切な働きを引き受けました。二十カ月間存続していた間、ＡＣＣＦは、神の祝福の生きた証しであり、詩篇の作者によって引用された約束の証しでした。

「見よ。兄弟たちが一つになって共に住むことは、なんというしあわせ、なんという楽しさであろう。…主がそこにとこしえのいのちの祝福を命じられたからである」

（詩篇一三三・一、三）

ボーズ・レヴ・ヴァカツラガの命令書、大統領の嘆願書、そしてＡＣＣＦの設立は、私たちの国の三本柱といえるでしょう。ヴァヌアとマタニトゥ（政府）、そしてロトゥ（教会）です。この三つが調和して、彼らは和解と一致とこの国の平和と繁栄を達成する働きに献身したのです。

教会（ＡＣＣＦを代表とする）は、ヴァヌアとマタニトゥ（政府）がそのメンバーたちの一致を導く働きをしていることに対して、それを認め感謝しています。私たちの国の国民個人が自分の選んだ特定の教会、教派で賛美をすることを選ぶことができるというのは、この国の憲法で認められた特権です。しかし教会は、大権がキリストのみに属していないため、キリストのからだの一部となることを選ぶことができないのです。

キリストのからだを統一し、教会のリーダーがＡＣＣＦのビジョンと使命を深い祈りのうちに考慮したというこの国に、和解といやしをもたらすことは、これらの理解と、呼びかけに対する応答です。

二〇〇一年に成し遂げられた和解の働き

和解とリバイバルの集会の発足

その発足から過去二十カ月の間に、議会は、首相の事務局と和解省と協力して、多くの和解のための努力を行ってきました。

次にリストするのは、議会が発足してから行われたいくつかの顕著な働きです。

五月三十日：フィジーメソジスト教会の代表とロトゥマから、エプウォースハウスでＡＣＣＦの設立に関する会談をするという招待状に、教会のリーダーたちから信じられないほど多くの反応がある。

五月三十日以前：メソジスト教会とアッセンブリー・オブ・ゴッドのリーダーが、一致して、様々な政治の党の指導者を、二〇〇一年八月の選挙の前に、その違いを調停させ一致させようという目的で招待することにする。

七月八日：フィジー・クリスチャン教会連合（ＡＣＣＦ）の発足。ミレニアル・リバイバル・ミッションが和解のたいまつに火が灯されて開始する。これは、ラトゥ・ジョセファ・イロイロヴァトゥ・ウルイヴンダ大統領の指揮による。

七月八日〜二十二日：ミレニアル・和解プログラム、アルバート公園。

七月二十一日〜二十八日：スヴァ市でエリコの行進。スヴァ市の周囲を一日に一度回って祈り、それが六日間続いた。エリコの街の城壁が叫び声によって崩れた最後の日には、行進の最後にアルバータ公園を七回回った。首都の罪が告白され、公園での儀式で、それが象徴的に燃やされた。

七月二十三日〜二十九日：ＡＣＣＦが全国祈りのウィークを開催。

七月二十九日：全国和解のウィークが閉会。全国和解のたいまつの炎が、フィジーを回る旅に出発。当時の世話人、ガラセー首相の指揮による。

七月二十九日：ＡＣＣＦユースがイリーザ・トラによって導かれ、全国和解のたいまつは、スヴァ市からスヴァヴへ行った。

七月三十日：ＣＭＦのイライティアとＣＯＣのエサヴァがユースを導いて、たいまつをナヴアへ徒歩で持って行った。

七月三十一日：同じたいまつが、ナヴアからコロヴィシルにあるラトゥ・ラティアナラ校に持って来られた。ここでは、違う教団のクリスチャンたちが集い、神に賛美と礼拝をささげた。

八月一日：和解のたいまつがコロヴィシルを午前四時三十分に出て、深い祈りの歩みのうち、セルアとナドロガの国境を越え、ヴァトゥカラサ村に来た。

八月二日：たいまつは、ヴァトゥカラサからシラ村へ、マレブとナヤワ村を通過して行った。

八月三日：ラトゥ・ジョペ・セニロリ副大統領がラバサで北部地域を代表して、全国和解のたいまつに火をつけ、ミレニアル・リバイバル・ミッションがスタートした。

八月三日：シラ村からクヴとハナハナ村を通って、ユースによりたいまつが運ばれる。この長い道のりは、ナボウ・パイン駅で昼食のため一時とどまり、ナディ市に入った。このグループにナモトモト／ナレワ村で石が投げられたりしたが、ユースのスピリットをくじくことはなかった。コロラドのカッサンドラ・フィンガーズ嬢がナディで残りの歩行に加わった。

八月四日：たいまつはナディからヴィセイセイへ、ナディのナマカにあるモカンボホテルを経由して運ばれた。労働省のラトゥ・テヴィタ・モモエドヌが、ツイ・ヴダとフィジー諸島共和国のラトゥ・ジョセファ・イロイロヴァトゥ・ウルイヴンダ大統領の代わりとして、たいまつを受け取った。

八月五日：和解と一致のたいまつは、ラウトカに運ばれ、西部地域委員会に手渡された。そして王の道を中心部のナウソリまで歩いて進んだ。

八月五日：世話役であるガラセー首相は、和解のたいまつに火をつけ、ミレニアル・リバイバル・ミッションをラウトカで、西部地域を代表して始めた。

八月五日～十一日：和解のたいまつは、王の道をナウソリまで進み、途中、バ、ラ、タイェヴなどの村々に寄って行った。

八月十二日：ラトゥ・ジョセファ・イロイロヴァトゥ・ウルイヴンダ大統領が一週間のミレニアル・リバイバル・ミッション運動を閉会し、ラウトカで再びたいまつに火がともされた。

八月十二日：ラトゥ・エペニサ・カコボとアディ・リティア・カコボが、ミレニアル・リバイバル・ミッションの開幕式で司式し、全国和解のたいまつにナウソリで中央地区代表として火をともした。

九月二十九日：スヴァ市のガバメントハウスで大統領の祈りの朝食会が、南太平洋祈り集会、内閣閣議、教会リーダーを招いて行われる。

九月三十日：南太平洋祈りの集会がスヴァでフィジーのガラセー首相によって発足される。

十月七日：レヴカでＡＣＣＦミレニアル・リバイバル・ミッションと和解のたいまつの点灯

が、東部地区のためフィジー共和国のガラセー首相によって行われた。

十月十四日：スヴァで、首相、政府閣僚、議員、上院議員と代表スタッフのための献身の礼拝が行われる。

十月十六日：ＡＣＣＦミレニアル・リバイバル・ミッションと和解のたいまつの点灯がナイタシリ地域のために、トゥラガ・クァラニヴァル、ラトゥ・イノケ・タキヴェイカタ議員によってヴニダワで行われた。

十月二十一日：ＡＣＣＦミレニアル・リバイバル・ミッションがヴニダワとナイタシリで、評議委員長であるタイト・ワクァヴァカトガ牧師によって閉会された。

十一月一日：ＡＣＣＦミレニアル・リバイバル・ミッションと和解のたいまつが、ナディ地域でラトゥ・ジョペ・セニロリ副大統領によって開会した。

十一月二十二日：ナヴアで、ＡＣＣＦミレニアル・リバイバル・ミッションと全国和解のたいまつの点灯が、セルア地域とナモシ地域のために、フィジー国事省の大臣補、ツイ・ナモシ、ラトゥ・スリアノ・マタニトブアによって行われた。

十一月二十五日：ＡＣＣＦミレニアル・リバイバル・ミッションがセルアとナモシ地域で、セルアのヴニヴァル、ラトゥ・ペニ・ラティアナラによって閉会され、全国和解のたいまつに再び火がともされた。

十二月九日：ワールド・ハーベストセンターで、合同の和解の集会。

十二月二十一日：ＡＣＣＦによる、最初の首相の朝食祈り会が、スヴァ・シビックセンターで行われた。そこには、教会や政府のリーダーが参加した。

十二月二十一日〜三十一日：ライセニア・ガラセー首相閣下が、イエスの誕生をクリスチャンの環境の中で祝うためクリスチャンとそのほかの人々を集め、最初のクリスチャン・クリスマス・カーニバルが行われた。

《付記F》
国の一つのアイデンティティ

「共通の何か」サンデー・タイムズ紙

首相率いる政府が、人々を平和と調和と赦しのもと一つに集めるという課題に、一週間挑戦した。

彼がこの冒険的チャレンジに成功したかどうかは、別の問題だ。実のところ、この国には、一致の面と、和解、特に決断をする次元での和解において、ひどい過去の記録があるのだ。

今日、私たちの社会は、今までになく散り散りに砕かれている。多くの問題、根本的な問題でもある土地や憲法の問題がもたらす不確実性や、この土地を「ホーム（家）」と呼ぶ人々の一般的なアイデンティティによって、それはさらにあおり立てられている。

何年も、この国の人々は、どの人種の出身かについて考え過ぎていた。自分たちが、フィジー人か、インド人か、それともパシフィック・アイランダーズかを考えていた。

この問題は、全体の共通のアイデンティティにいつもたどり着く。一九九五年にさかのぼると、当時の首相シティヴェニ・ラブカ氏は、真剣に、市民全員が同じ名前を名乗ることを提案した。彼は、これを人々が一致するためだと言った。クーデターを率いるジョージ・スペイト氏が宣言したように、一つのアイデンティティは、一つの民族を意味し、それは、似ていないあるいは「違ったにおいがする」人々の群れに対して抱く疑いを無視する。

共通の名前は、皆が、人種も宗教も関係なく、共通のアイデンティティを持って手を取り合い、国のために共に働く、スタート地点となるべきものだった。

それぞれの特別な文化的、習慣的特徴を持つ多くの人種のコミュニティーがあるこの国で、一つの国一つの民族というこのアイデンティティの定義が、まだ手が届かないところにあるのは、大変残念なことだ。

この国はまだ、すべてを含有するアイデンティティを市民のために持ってはいない。そして一致するために、いつも未完成なままになっている。

この国が直面した困難で長い苦しみの末、多くの市民が、すべての人が「フィジー人」となる時期に来ていると感じた。ただその考えを進めるだけの問題だ。

フィジー人、インド人、他の人種がこの国に共に住んで、それぞれ自分たちの文化、アイデンティティ、ライフスタイルを、忠実にこの一世紀以上の間守ってきた。

クーデターの犯人たちは、この問題と愛国的な夢とを混合したのだ。しかしクーデターが、その問題を解決する方法ではない。私たちはこの国の人々が一つになるために、もっとしっかりと献身的にかかわらなければならない。人々の行動が、一致を求める声よりも大きく響くようになるだろう。

今まで、二つの主な人種と政権のリーダーたちが共に働こうとしてきたが失敗に終わってきたことは、国の一致という考えがまだ遠いところにあるという典型的な例だ。

今日は、フィジー・デー（独立記念日）のセレブレーションの日だ。この国の人種関係には、あまりにも多くのダメージが与えられてきた。これは早急に修正されなければならない。そして、多くの人が再び提言するように、「共通の何か」を人々の間に持つことは、良いスタートとなるだろう。

《付記G》

全国赦しの週間の始まり

ロバート・ウォレン

フィジー・ウィークは、著しい成功を収めました。パブリック・サービス・デーと全国赦しの週間を合わせて、フィジー・ナショナル・デーとしたのです。この全国的な赦しと和解のためのイベントのアイデアは、世界でも類を見ないものです。フィジーは民族の和解と一致に向けて、先頭に立って進んでいるのです。しかし、この全国赦しの週間（ＮＦＷ）のアイデアはどこから来たのでしょうか。

私の名前は、ロブ・ウォレンです。私はオーストラリアのシドニーに住む薬剤師です。四年前、私は主イエス様に、主がなさりたいと思っていることどんなことにでも、私を用いてくださいと祈りました。クリスチャンとして、私はただ教会の長いすに座って、愛する神様に仕えることなく、ただ時間ばかり過ぎていくことに、飽き飽きしてきたのです。何か、永遠の価値を持つことを、神様のためにできないだろうかと考えました。それはそんなに大きなことである必要はありませんでした。ただ神様のみこころが、それがどんなことであれ、主が導かれることであるのならば、したかったのです。

私は、ディズニーの古い映画『小公子』を見ていました。お母さん役をしていた女優が言ったせりふに心が留まりました。「この世界は、人間が住んでいるのだから、もっと良いところになるはずよ」。この言葉について、私は考えてみました。そして、何か変革を生み出したいと思ったのです。私は、神様に仕えるように召命をいただいている会衆に対する呼びかけを牧師がするのを聞いたことがあります。また、それでも何らかの理由で人生の召命に答えることができなかった人のことも聞いたことがあります。それは、嘆き悲しみながら悔い改めて神の前に出て行った年を取った男性と女性たちの、あまりにもみじめな集団でした。私は、神様から与えられた賜物を自分勝手な野望のために浪費する人々の群れに入りたくはありませんでした。

祈りのうちに神様を求め始めました。ある朝、C・E・カウマン夫人が書いた『谷間の泉』というディボーションの本を読んでいました。九月十七日のディボーションの箇所に心が引かれました。それは赦しの週間を毎年行なっているあるアフリカの民族についてでした。純粋にこの民族の血統を持っている人は、今はもう絶えましたが、それは今から百年から百五十年くらい前に行われていたそうです。その週には、民族の一人ひとりのメンバーが、彼らに対してなされたすべての過ちについて赦すことを誓約したのだそうです。どんな過ちであれ、(実際の過ちでも、考えただけのことでも)、それが誤解や争いや攻撃や個人間の冷たい態度などの原因となるものについてはすべて、赦すことが誓約されたそうです。

これは、私にとってとても良いアイデアのように思われました。そこで私はもし、このような一週間が全国レベルで今日持たれたらどうだろうかと、想像力をふくらませて考えてみました。そしてしまいに、これを行うことは、かなり大変なこと、また本来内気な性格なので、これはあまりにも私の能力を超えていると気づきました。そこで私は、これをしばらく棚に置いておくことにしました。ある日、シドニーのフットボール競技場を横切っていたときのことです。神様の静かな小さな声が私の心に入り込んできました。それは、私を三週間の間一日二時間ずつただ神様のことを求めるようにとのものでした。そして、全国赦しの週間を行うように導かれたのです！

恐れのあまり震えながら、私は毎日二時間を二十一日間主にささげました。最後に、私はNFWがオーストラリアのためではなく、フィジーのためであることを悟りました。私は、宝石で飾られた天国の二つのドアを心に感じました。それらは閉ざされていました。私は、これが、神様がフィジーで行おうとしているパズルの一ピースだということがわかりました。そして、デイビッド・ニユービーという友人のことを思い出したのです。もう何年も会っていなかったデイビッドにコンタクトを取りました。彼は、すぐにこのアイデアを理解しました。彼は牧師であり、大変忙しい人でしたが、彼は、神様が彼を私と一緒にフィジーのために働くように導いているとわかりました。

私たちはオーストラリアでとりなしのチームを招集しました。彼らは、疲れることなくNFWとフィジーのために祈る人々です。フィジーのヴニアニ・ナカウヤサ師を紹介され、彼に会い、NFWについて話し合うために私たちはスヴァ市に出かけました。ナカウヤサ師は、ACCFに私たちを連れて行き、私たちはそこでこのアイデアについて話し、満場一致の支援を得ました。ラトゥ・エペリ・カナイマウィ師を議長とするこの委員会は、全国和解と一致省に草案を提出しました。

二〇〇三年十二月、このコンセプトは支持され、このイベントの計画が、ラトゥ・オセア・ガヴィディ氏が議長を勤め、後にはフィジー枢密院のアピミレキ・キリホ神父が議長を勤めた全国調和省のもと、始まりました。これにかかわったすべての人たちの努力は疲れを知らないもので、彼らの働きの実は、すべての人に明らかにされ、感謝されています。

二〇〇二年にACCFに始めにもたらされて以来、この働きのビジョンは変わっていません。

赦しは、和解への入り口です。しかし和解はまず、神様との和解でなければなりません。そこから私たちは、容易に赦し、他の人と和解することができるようになるのです。イエス様はおっしゃいました。「わたしが道であり、真理であり、いのちなのです。わたしを通してでなければ、だれひとり父のみもとに来ることはありません」（ヨハネ十四・六）。神様が私たちに与える命は、もし、私たちが神様と喜んでつながったままでいるなら、（私たちは神様なしでは何もできないのですから）、私たちが容易に赦せるようにしてくれます。数学の用語で言うと、赦しは愛の「部分集合」です。赦しは愛から流れ出、愛は神から、聖霊の実として流れ出るのです。

もし私たちが私たちの裏庭をきれいにするなら、国もきれいになるのです。最初のビジョンは、個人的な赦しが国中に広がることでした。これは、私たち個人の責任です。夫と妻が、父と子が、友と友が、そして「敵」に対してもです。

赦しは、悪くなった関係をいやす薬です。私たちの関係を築く唯一の方法です。それはまず私たちが、主イエス・キリストの流された血潮によって、無償で与えられた赦しを受け取るところから始まります。

デイビッド・ニュービーと私は、この全国赦しの週間のアイデアをフィジーに伝える特権を得ました。私たちはただいくつかのパンと魚を持っていったのです。それはこの組織にかかわるすべての人々がたゆまずに注いでくださった努力によって割かれ、フィジーの人全員に行き渡るくらいに増えたのです。神様がフィジーを豊かに祝福してくださいますように。世界でフィジーが祭司の国としての地位を得、天の御国への道を指し示すことができますように。主よ。あなたの御国が来て、あなたの御旨が天になるのと同じように、この地にもなりますように。

《付記H》

宗教的な衝突

www.sydneyanglicans.net/southerncross/articles/victoria

ビクトリアが牧師たちを投獄する可能性
二〇〇五年七月二日記事
マデリン・コリンズ

メルボルンの二人のクリスチャンが憎悪をあおったとして、有罪となった。ムスリムに対して辛らつなあざけりをし、支配に対して戦うことを誓ったという。

この二人、ダニー・ナリヤとダニエル・スコットの「キャッチ・ザ・ファイヤー（炎をつかまえよ）」のミニストリーは、ビクトリアの論争を引き起こす人種と宗教に対する中傷に関する法律に基づき、有罪とされた最初のケースだ。有罪となったのは、教会のセミナーで、彼らがムスリムの真似をしたと裁判官が十二月に知ったときである。

この二人の牧師は、罰金か実刑を受ける可能性もあるという。

ビクトリアのイスラム協議会は、二〇〇二年のビクトリア平等機会委員会のセミナーに参加した二人のムスリムに背を押されるようにして、この二人に対して法的な措置を取った。ビクトリアの市民及び民族管理裁判官であるマイケル・ヒギンズは、「ムスリムをからかった」という容疑をかけられたスコット氏は、本気でこのような中傷をしたのではないと弁明した。

裁判官は、スコット氏がムスリムをうそつきや悪魔と呼び、コーランが殺人を促していると言ったと語った。「これは、本質的に悪意があり、ムスリムの人々と彼らの神アラーと預言者モハメッドの品位を下げ、名誉を損じる言い方で言われた」と彼は述べた。

ヒギンズ裁判官は、スコット氏が「主流ではないが湾岸諸国の中の小さな群れの代表であるコーランとムスリムの習慣の文字通りの解釈」に集中することによって、世界中でイスラムを区別することができなかったと述べた。

「キャッチ・ザ・ファイヤー」のホームページとニュースレターの記事には、裁判官が語ったあおられた憎しみとムスリムへのあざけりの言葉が載せられていた。

ナラヤ氏は、ファミリー第一党であり、昨年の選挙でビクトリアで当選することができなかった。

評決発表の後、彼はこの時代について語った。「私たちは、戦いには負けたかもしれないが、戦いは終わっていない。法律は取り除かなければならない。これは疑いの余地のないことだ」

この事件は、二年以上長引いていて、国際的な注目も浴びている。南オーストラリアと西オーストラリアはこれに似た法律を取り入れる計画をやめた。

この結果は、クリスチャンを対立させた。法律を擁護するのは、メルボルンのキリスト合同教会、カトリック、英国国教会である。

キリスト合同教会の社会正義・国際ミッションのディレクターであるマーク・ザーンサック博士は、「クリスチャンの少数の極端な群れが評判を傷つけ、もっと幅広いキリスト教社会の名前を汚している」と言った。

ほとんどの福音派が、この評決は真理と発言の自由に対する一撃であると反対し、長老教会は、ビクトリア政府に反中傷に関する法律を無効にすることを求めた。

「宗教の自由がひどく侵害されている」と長老派教会の議長であるアラン・ハーマン牧師が語った。「他の人の立場を批判することのできる能力は、この自由な民主主義の社会において、欠くことはできない」

なぜ私がビクトリアの反中傷に関する法律に対する態度を変えたのか（抜粋）

オンライン　オピニオン
二〇〇四年六月九日掲載
　　アミア・バトラー

ピーター・コステロは、ナショナルデーの感謝を述べるスピーチでビクトリアの反中傷法を「悪い法律」と言ったことは、きわめて正しいことだ。

かつてはこの法律をサポートしていて、これらの群れが守ろうと主張しているマイノリティのメンバーだった者の一人として、私がいくらかの自信を持って言えるのは、これらの法律は、まさに彼らが守ろうとしている宗教の自由を侵害しただけだということだ。

問題は、宗教が何が正しいかをはっきりと表現する限り、何が間違っているかを明白にあるいは暗黙に定義づけなければならないところにある。

もし私たちが神を愛するなら、それは偶像崇拝を憎むことになる。もし私たちが善を信じるのなら、悪の存在も認めなければならない。もし私たちが私たちの宗教が天国への唯一の道だと信じるなら、私たちは同時にそれ以外のほかの道は、すべて地獄に通じると断言しなければならない。もし私たちが私たちの宗教が真理だと信じるなら、他の宗教は間違いだと信じるということだ。

そうだ。これこそ、この法律が非合法化し、切り詰めていることなのだ。ある信仰を信じる者が、情熱的に、またはやわらかく他の信仰について反対の議論をすることを。

ある宗教の批判が攻撃的になることは、明らかではあるが、ムスリムも他の信仰を積極的に攻撃する権利を持つべきだ。また、同様に、同じ宗教もイスラムに対する考えを発言する権利を与えられるべきである。

このような言論は、それがどれほど間違っていて攻撃的に聞こえるかどうかにかかわらず、その宗教のコミュニティーを守るために禁じられなければならないというアイデアは、ばからしい。宗教による差別はすでに法律で禁じられた。暴力をふるう要因となることはすでに不法だ。そして、名誉毀損もすでに既存の法律でカバーされている。

これらの反中傷に関する法律が達成したことは、宗教的なグループがその観念的な敵を、論争に持ち込むよりはむしろだまらせることなのだ。

(記事の全文は、www.onlineopinion.com.au)

訳者あとがき

主なる神様の臨在による地域社会の変革のドキュメンタリー・ビデオ「トランスフォーメーションズ」が世に出たのは一九九九年でした。その反響は製作者のジョージ・オーティス・ジュニア先生の予想をはるかに超え、世界中が主のみわざの力強さ、大きさに驚かされたのです。その翌年に出された「トランスフォーメーションズ2」が驚きと興奮にさらなる拍車をかけ、「トランスフォーメーション」という言葉と共に地域を、都市を、そして国をも変革する主のご臨在を求める飢え渇きが、世界のキリスト人の間に勢いをもって広がりました。

しかし、全世界はさらに大きな驚きに打たれたのです。それは二〇〇四年に出たフィジー・リバイバルのドキュメンタリー「Let The Sea Resound」(邦題「海は鳴りとどろけ」)によってでした。それをとおして伝えられたのは、主なる神様が奇跡の変革をしてくださるのは人の心や人生にとどまらず、自然界・環境をも含んでいるという現実です。そこから、主は人間だけでなく、自然環境をもいやしてくださるのだという信仰が「Healing Of The Land＝地のいやし」という表現を通して世界のキリスト人に浸透し始めて今に至っています。

フィジーにおける主の働き、トランスフォーメーションは特にこの「地のいやし」によって今も進んでいますが、その御業の最先端に置かれているのがヴニアニ・ナカウヤサ牧師と「地のいやし」チームです。このヴニアニ牧師が二〇〇五年の一年間に三度も日本を訪れたことは、主が大きな恵みとご計画の中で日本とフィジーとをリンクしてくださったしるしであるとしか思われません。ヴニアニ牧師を用いて、主は私たち日本のキリスト人の霊を奮い立たせてくださり、主の訪れの時に対する飢え渇きは私たちの間に燃え広がり続けています。同時に、フィジーとその「地のいやし」に対する関心も高まり続けてきました。

本書は、オーストラリア人宣教師のＤ・ニュービー師によって、主にオーストラリアのために書かれたものですが、フィジーのトランスフォーメーション・リバイバルがどのような経緯でもたらされたのか、またそこから他国（オーストラリア）のキリスト人は何を学び、何をするべきなのか・何ができるのかについて具体的に書かれています。今、危機的状況にある日本と日本人のために、私たちキリスト人が必要としている「信仰と祈りの点火材」がここにあります。

本書が語っているメッセージは、日本に置かれているキリストのからだ・教会に対する主の御声であると確信します。

二〇〇六年九月

トランスリンク・ジャパン事務局
単立　平キリスト福音教会　宣教使牧使
森　章

※本書における聖書の引用は、日本聖書刊行会『新改訳版聖書』を使用しています。

ヒーリング・ザ・ランド

人をいやし地をいやす神

2006年10月16日　初版発行

著　者　デイビッド・ニュービー

翻　訳　小牧者出版編集部

発行所　小牧者出版

〒300-3253　茨城県つくば市大曽根3793-2
TEL: 029-864-4077
FAX: 029-864-8189
E-mail: saiwai@agape-tls.com
ﾎｰﾑﾍﾟｰｼﾞ: www.agape-tls.com

ISBN4-915861-89-9